I0606363

LIRE LE XVIIe SIÈCLE
sous la direction de Delphine Denis et Sophie Houdard
76

Série *Littérature, libertinage et spiritualité*
dirigée par Sophie Houdard
15

Une histoire homosexuelle

Vittorio Frajese

Une histoire homosexuelle

Paolo Sarpi et la recherche de l'individu à Venise au XVIIe siècle

Traduction de Julia Castiglione

PARIS
CLASSIQUES GARNIER
2022

Vittorio Frajese est professeur d'histoire moderne à l'université de Rome – La Sapienza et spécialiste des rapports entre éthique et politique. Parmi ses dernières publications, on compte *Nascita dell'Indice. La censura ecclesiastica dal Rinascimento alla Controriforma* ; *Il processo a Galileo Galilei. Il falso e la sua prova* et *Dal libertinismo ai Lumi. Roma 1690-Torino 1727*.

ISBN 978-2-406-12671-3 (livre broché)
ISBN 978-2-406-12672-0 (livre relié)
ISSN 2108-9876

ABRÉVIATIONS POUR LES SOURCES MANUSCRITES

BAV	Bibliothèque Apostolique du Vatican
AAVat	Archives Apostoliques du Vatican
ACDF	Archives de la Congrégation pour la Doctrine de la Foi
BCR	Bibliothèque Casanatense de Rome
BVR	Bibliothèque Vallicelliana de Rome
BMV	Bibliothèque Marciana de Venise
BMCV	Bibliothèque du Musée Correr de Venise
ADV	Archives privées Donà dalle Rose de Venise
BLL	British Library de Londres

INTRODUCTION

Le conflit causé par l'Interdit lancé par Paul V contre Venise en avril 1606 est souvent considéré comme le plus important épisode de résistance aux principes de la Contre-Réforme qu'ait connu l'Italie aux XVIe-XVIIe siècles. Les faits en question sont connus. En 1604 et 1605, Venise promulgue deux lois sur la propriété ecclésiastique qui disposent que le gouvernement vénitien doive approuver préalablement la construction d'églises et l'aliénation de biens immobiliers au profit d'ecclésiastiques. Peu après, à l'automne 1605, le Conseil des Dix fait arrêter Scipione Saraceno, chanoine de Vicence, pour agression sur sa nièce et Marcantonio Brandolin, abbé de Nervesa, pour homicide et atteinte à la propriété et aux personnes. Ce faisant, la plus haute magistrature vénitienne saisit donc le tribunal civil pour juger des hommes d'Église. Dans les dernières semaines de 1605, le doge en exercice, Marino Grimani, vivait ses ultimes instants et le nouveau pape Paul V, issu de la congrégation du Saint-Office de l'Inquisition romaine et universelle, a donc pensé qu'en faisant preuve d'intransigeance il pourrait orienter sa succession. Le 10 décembre 1605, il publie alors deux brefs pour ordonner la révocation de ces deux lois et que les deux ecclésiastiques détenus lui soient livrés, sous peine d'interdit – c'est-à-dire d'interruption de tout office religieux – sur le territoire de l'État vénitien. Pourtant, la classe dirigeante vénitienne réagit alors à l'opposé de ses attentes : au lieu de se conformer aux exigences papales et d'élire un candidat favorable aux exemptions ecclésiastiques, le 10 janvier 1606, le *Maggior Consiglio* élit comme doge Leonardo Donà, chef de file, avec Nicolò Contarini, de l'aile du patriciat dite des « jeunes », la plus engagée dans l'affirmation de la souveraineté vénitienne. Dix-huit jours plus tard, le 28 janvier, le processus commencé par la désignation du nouveau doge débouche sur la décision du Sénat selon laquelle « le révérend père maître Paolo de' Servi de Venise » est « mis à notre service en tant que théologien et canoniste[1] ».

La suite de cette affaire n'est que la conséquence de ces choix : le 17 avril, Paul V émet un monitoire pour lancer la procédure d'interdit sur le territoire de l'État vénitien et il excommunie le doge et le Sénat. Le 6 mai, le doge Donà, sur les conseils de Sarpi, oppose une protestation (*Protesto*) pour faire valoir ses arguments et déclarer l'illégitimité et la nullité de l'interdit. Pour aider Sarpi dans son travail théologique et juridique de défense de la position vénitienne, on fait appel à un autre servite de Marie, alors régent du *studium* bolonais de Santa Maria dei Servi : Fulgenzio Micanzio. Entre février et mars 1606, il part prêcher à Udine et, sur le chemin du retour, il s'arrête à Venise où il s'entend avec le gouvernement vénitien pour obtenir une résidence plus stable. Ensuite, de retour à Bologne, il y reste une quinzaine de jours puis quitte définitivement son couvent le 2 mai. De retour à Udine, il y reçoit en juillet 1606 la convocation officielle de la Sérénissime. C'est ainsi que débute la collaboration entre Paolo Sarpi et Fulgenzio Micanzio, qui s'est ensuite prolongée jusqu'à la fin de leur vie.

Le conflit autour de l'Interdit a donné lieu à une très vive « guerre des écritures » entre les deux camps. Le jour même de la *Protesta* du doge, deux petits traités écrits par le théologien gallican Jean Gerson en faveur de l'invalidité des excommunications injustes sont réimprimés à Venise ; deux semaines plus tard, l'éditeur Gian Battista Ciotti publie une lettre de Bernard de Clairvaux à Eugène II dénonçant la corruption du clergé. Au même moment, paraît un premier traité en défense de la position de Venise, anonyme et non daté, la *Réponse d'un docteur en théologie à la lettre écrite par un révérend de ses amis au sujet du Bref de censure de Sa Sainteté Paul V publié contre les Vénitiens et sur la nullité de ces censures, fondée sur les saintes écritures des pères de l'Église et des docteurs catholiques* de l'ex-jésuite napolitain Giovanni Marsilio[2]. En septembre, Sarpi publie les *Considérations sur les censures de Sa Sainteté le pape Paul V contre la Sérénissime République de Venise* et, peu après, le *Traité sur l'Interdit de Sa Sainteté le pape Paul V* signé par sept théologiens[3]. En réponse, à Rome paraissent la *Réponse du cardinal Bellarmin à un opuscule intitulé "Traité et résolution sur la validité des excommunications*

1 Cité dans Sarpi, Paolo, *Consulti*, éd. critique par Corrado Pin, Pisa-Roma, Istituto italiano per gli studi filosofici, Istituti editoriali poligrafici dello stato, 2001, vol. 1, t. I, p. 23.

2 Les titres originaux des opuscules listés dans cette introduction sont donnés en annexes.

3 Je me conforme à la chronologie proposée par De Vivo, Filippo, *Patrizi, informatori, barbieri. Politica e comunicazione a Venezia nella prima età moderna*, Milano, Feltrinelli, 2012, p. 91, 115.

de Jean Gerson théologien et chancelier parisien", traduit fidèlement du latin en langue vulgaire en deux volumes, la *Réponse du cardinal Bellarmin à une lettre sans nom d'auteur sur le Bref de Sa Sainteté Paul V censurant les seigneurs vénitiens* et la *Réponse du cardinal Bellarmin au traité des sept théologiens de Venise sur l'Interdit de Sa Sainteté Paul V*. Sarpi écrit alors le *Traité sur l'Interdit de Sa Sainteté le pape Paul V* et répond à la réponse de Bellarmin par l'*Apologie en faveur des oppositions de l'illustre et révérend cardinal Bellarmin aux traités et résolutions de Jean Gerson sur la validité des excommunications*. Cela se poursuit par un échange très dense d'argumentaires rédigés, représentant 155 titres, 321 éditions, pour un total estimé à 300 à 600 mille exemplaires[4]. La « guerre des écritures », comme on a pris l'habitude d'appeler cette intense production imprimée et manuscrite, implique Fulgenzio Micanzio, avec sa *Confirmation des considérations du père supérieur Paolo de Venise* et, de l'autre côté de la barricade, Tommaso Campanella avec ses pamphlets les *Antiveneti* et le traité *La Monarchie du Messie*, où il répond de manière peu orthodoxe au traité de Giovanni Marsilio[5].

C'est ainsi qu'a commencé la présence politique de Paolo Sarpi dans le monde vénitien et son combat pour l'indépendance de Venise vis-à-vis de la juridiction pontificale sur son territoire. Les péripéties de cette histoire ont déjà été racontées plusieurs fois – malgré des lacunes beaucoup plus importantes qu'il n'y paraît – et nous n'y reviendrons pas dans ces pages. Nous allons plutôt aborder cette affaire sous un angle complètement différent, à travers la vie privée de ses protagonistes et ses répercussions sur la réflexion et l'initiative politique animant la vie publique. Pour ce faire, nous nous appuierons, plus que d'autres historiens, sur les sources romaines. Ces sources traduisent évidemment un point de vue hostile et doivent être appréhendées avec un regard prudent et critique ; elles apparaissent pourtant corroborées par la découverte d'écrits qui les appuient. On peut donc non seulement considérer que ces sources romaines sont fiables mais qu'elles sont en plus en mesure d'éclairer les écrits privés de Sarpi qui résistent le plus à la compréhension. On essaiera donc de jeter un premier et timide regard sur la vie vénitienne du XVIIe siècle et, avec elle, sur une dimension personnelle, voire intime, qui a pourtant eu des conséquences sur l'administration publique.

---

4 Ces calculs ont été réalisés par F. De Vivo in *ibid.*, p. 105-107.

5 Sur ce sujet, voir Frajese, Vittorio, *Profezia e machiavellismo. Il giovane Campanella*, Roma, Carocci, 1995, p. 118-156.

UN RÉSEAU D'ESPIONS

Lorsque des écrits imprimés défendant Venise commencent à paraître, la congrégation romaine du Saint-Office les condamne comme hérétiques. Elle dénonce l'impression de la *Réponse d'un docteur en théologie à un révérend de ses amis* du prêtre napolitain Giovanni Marsilio, de plusieurs *Lettres* et autres textes imprimés et manuscrits adressés par le gouvernement vénitien aux hiérarchies ecclésiastiques et aux villes de l'État, en vue d'empêcher la publication du monitoire sur ces territoires. Par un décret du 21 juin 1606, le Saint-Office interdit donc au gouvernement vénitien d'imprimer, de vendre, de lire ou de communiquer de quelque manière que ce soit tout type d'écrit imprimé ou manuscrit lié à la question de l'Interdit. S'ils entrent en possession de tels écrits, les sujets vénitiens sont tenus de les remettre aux inquisiteurs locaux sous peine d'excommunication de réserve pontificale[1]. Le 1er août, la Congrégation de l'Index publie à son tour un décret dans lequel elle constate la publication par les imprimeurs vénitiens Giovan Battista Ciotti, Giovanni Antonio et Giacomo de Francisci d'une édition partielle du *De censuris* de Francisco Suarez. Elle leur interdit donc, sous peine d'excommunication *latae sententiae* de réserve apostolique, toute impression de livre[2]. Un peu plus tard, le 30 octobre, les cardinaux du Saint-Office interdisent d'acheter les livres de l'éditeur Roberto Meietti, déjà imprimés ou à imprimer, sous peine d'excommunication *latae sententiae*[3]. Le 20 septembre sont interdites les *Considérations sur les censure de Sa Sainteté le pape Paul V* de Paolo Sarpi et le *Traité sur l'Interdit de Sa Sainteté le pape Paul V* des sept théologiens Pietro Antonio Ribetti, archidiacre et vicaire général de Venise, Paolo Sarpi, théologien de la

---

1 Bibliothèque Casanatense de Rome (BCR), *Raccolta di editti delle congregazioni dell'Indice e del Sant'Ufficio*, imprimé le XIIe jour des calendes de juillet 1606. Sur ces manifestes du gouvernement voir F. De Vivo, *Patrizi, informatori, barbieri*, *op. cit.*, p. 253.

2 *Ibid.*, *Bando* du VIIe jour des nones d'août 1606.

3 *Ibid.*, *Editto* du 30 octobre.

République Sérénissime, Bernardo Giordano, frère mineur conventuel, Michel'Angelo Bonicelli, frère mineur observant, Marc'Antonio Capello, frère mineur conventuel, frère Camillo, théologien augustin, et Fulgenzio Micanzio, servite de Marie[4]. Deux jours plus tard, le 22 septembre 1606, c'est au tour de l'*Apologie en faveur des oppositions formulées par le très illustre et révérend cardinal Bellarmin aux traités et résolutions de Jean Gerson* de Paolo Sarpi[5]. En conséquence de ces interdictions, le 30 octobre Paolo Sarpi et Fulgenzio Manfredi sont cités à comparaître dans les quatorze jours par le tribunal du Saint-Office pour répondre *de fide*, sous peine d'excommunication en cas de résistance[6]. Sarpi répond le 25 novembre par une lettre de protestation adressée aux cardinaux Girolamo Berneri et Domenico Pinelli, dans laquelle il se déclare prêt à se présenter « en tout lieu sûr », « à des juges dignes de confiance[7] ». Manfredi fait de même dans une lettre datée du même jour. Le Saint-Office réagit en les excommuniant tous deux *latae sententiae*, le 5 janvier 1607[8]. Giovanni Marsilio écrit quant à lui une lettre dans laquelle il déclare nulle et non avenue la sentence d'excommunication et la confiscation de ses biens ordonnée par l'Inquisition romaine[9].

---

4 Sur ces théologiens, voir Benzoni, Gino, « I teologi minori dell'Interdetto », in *Archivio veneto*, XCI, 1970, p. 48.

5 *Elenchus librorum omnium, tum in Tridentino Clementinoque Indice tum in alijs omnibus sacrae Indicis congregationis particularibus decretis hactenus prohibitorum*, per Franciscum Maddalenum Capiferrum, Roma, typ. della Camera Apostolica, 1632, p. 31, 115, 643.

6 BCR, *Inquisizione e Indice nei secoli XVI-XVIII. Controversie teologiche dalle raccolte casanatensi*, Vigevano, Diakronia, 1998, p. 152 ; voir aussi Peña, Francisco, *De ope ferenda cum venetis*, dans Archives apostoliques du Vatican (AAVat), *Borghese*, II, 48, f. 426 et suiv. ; Taucci, Raffaele, *Intorno alle lettere di fra Paolo Sarpi ad Antonio Foscarini*, Firenze, Barbera, 1939, p. 33 ; Frajese, Vittorio, *Le categorie della Controriforma. Politica e religione nell'Italia della prima età moderna*, Roma, Bulzoni, 2011, p. 28-43. Dès la fin de l'Interdit, Peña propose d'excommunier et de citer à comparaître le doge pour usurpation d'autorité ecclésiastique et protection manifeste de Giovanni Marsilio, de Sarpi et des autres théologiens vénitiens « *quos S. Officium Romanis et generalis Inquisitionis ad respondendum de fide citavit contumaces et excommunicavit* ».

7 *Ibid.*, p. 151-152, document n° 551.

8 Pin, Corrado, « Tra religione e politica : un codice di memorie di Paolo Sarpi », in *Studi politici in onore di Luigi Firpo, Vol. II : ricerche sui secoli XVII-XVIII*, éd. S. Rota Ghibaudi et F. Barcia, Milano, Franco Angeli, 1990, p. 161.

9 La lettre de Manfredi est publiée dans *Monarchia Sacri Romani Imperii*, vol. 3, Francfort, 1613, p. 483-485 ; elle est décrite dans *Inquisizione e Indice nei secoli XVI-XVIII*, p. 148, document n° 535 ; la lettre de Giovanni Marsilio est signalée et décrite in *ibid.*, p. 148-149, document n° 536.

En lien étroit avec l'Inquisition, le cardinal-neveu Scipione Borghese fait alors pression sur les théologiens pro-vénitiens pour qu'ils abjurent les thèses exposées dans leurs écrits et témoignent contre leurs collaborateurs. La méthode est simple et son but est d'isoler les positions vénitiennes en réaffirmant la prérogative judiciaire du Saint-Siège. Le premier théologien à céder est Marcantonio Capello qui, en raison de l'insistance du jésuite Antonio Possevino, quitte Venise pendant l'Interdit ; le 25 mars 1607 il gagne en effet Bologne pour se rendre ensuite à Rome où il abjure ses positions pro-vénitiennes. C'est ensuite au tour du frère Fulgenzio Manfredi qui, grand amateur de bordels, n'est pas difficile à convaincre : les pressions concertées du nonce Berlinghiero Gessi et du franciscain véronais Paolo Zevio le poussent à quitter Venise le 8 août 1608 pour se rendre à Rome avec un sauf-conduit délivré par le nonce lui-même. Puis vient le tour de Pietro Antonio Ribetti qui, le 3 décembre 1608, se réfugie à Rome où le Saint-Office exige l'abjuration publique de ses positions défendues dans le *Traité de l'Interdit de la Sainteté du Pape Paul V.* Même le laïc Gaspare Ventura Lonigo se repent d'avoir écrit un *Consilium* sur la controverse entre Rome et Venise, sous le pseudonyme de Ventura Vicentino : en mars 1608 il sollicite l'absolution auprès du nonce. Gessi s'occupe pour finir de Bernardo Giordani et, à la fin de l'année 1608, il est persuadé d'avoir obtenu son abjuration secrète qui n'a pourtant pas eu lieu, tandis que lui-même a été dénoncé au Sénat pour ces pressions[10].

LE SERVICE DE RENSEIGNEMENT

Ces initiatives supposent un service de renseignement ramifié et efficace. Le 17 avril 1607, lors de la délibération sur l'accord avec le Saint-Siège pour mettre fin à l'Interdit, le Sénat approuve à la majorité sa version la plus conciliante qui, au sujet du traitement à réserver aux théologiens pro-vénitiens, n'exclut pas totalement leur comparution devant les tribunaux romains, contrairement à ce que souhaitaient les

10 Le parcours des théologiens ayant défendu la République vénitienne pendant l'Interdit est reconstitué par G. Benzoni, *I teologi minori dell'Interdetto*, *op. cit.*, p. 35-107.

pro-Sarpi. Cet accord se limite à en déconseiller l'usage, en renvoyant cette question à de futures négociations à mener par l'intermédiaire de l'ambassadeur vénitien à Rome. La formule approuvée par Venise est la suivante : « attendre de recevoir la missive de Sa Sainteté énonçant que les religieux et ceux qui ont soutenu les intérêts et obéi aux ordres de la République ne doivent être aucunement punis pour cela, leur sort devant être traité par l'intermédiaire de l'ambassadeur à Rome », tandis que la formulation proposée par les sénateurs pro-Sarpi ajoutait : « c'est pourquoi ils [les théologiens pro-vénitiens] pourront toujours se prévaloir de la protection publique[11] ».

Venise tourne donc la page de l'Interdit sans proclamer la protection inconditionnelle de ceux qui ont pris sa défense : ceci s'explique par le caractère collégial du gouvernement républicain qui génère des majorités fluctuantes en fonction des contingences spécifiques et qui, à cette occasion, se tourne vers la solution la plus prudente. La politique soutenue par le doge ne fait pas l'unanimité et, dans la résolution finale, l'épuisement issu du conflit et le désir de paix l'emportent, même au prix de concessions importantes vis-à-vis du Siège Apostolique. Bien qu'illégale, l'instruction donnée par Paul V au nouveau nonce Berlinghiero Gessi lors de son départ pour Venise n'était donc pas absurde : « le sort de frère Paolo le servite, de Giovanni Marsilio et des autres séducteurs qui passent pour des théologiens a été discuté de vive voix avec Votre Seigneurie, qui ne devrait avoir aucune difficulté à obtenir qu'ils soient remis au Saint-Office, abandonnés par la République et privés du salaire qui leur a été si scandaleusement accordé[12] ». Une telle certitude de la part de Paul V semble excessive mais correspond à deux faits fondamentaux : en premier lieu, à la résolution de cette affaire par le Saint-Siège qui voit dans le conflit avec Venise non pas un conflit politique entre pairs mais une révolte hérétique contre l'autorité supérieure de la monarchie pontificale ; en second lieu, au strict contrôle de Rome sur les doctrines

11 Cornet, Enrico, *Paolo V e la Repubblica veneta : giornale dal 22 ottobre 1605 – 9 giugno 1607*, Vienne, 1859, p. 243-244 ; C. Pin, « Introduzione » in P. Sarpi, *Consulti*, *op. cit.*, p. 53 ; Cornet, Enrico, « Paolo V e la Repubblica veneta : nuova serie di documenti », *Archivio veneto*, vol. 1, 1873, n° 5, p. 27-318, et n° 6, p. 68-131 ; Cecchetti, Bartolomeo, *La Repubblica di Venezia e la Corte di Roma nei rapporti della religione*, Venezia, Pietro Naratovich, 1874, vol. 1 ; Cozzi, Gaetano, *Paolo Sarpi tra Venezia e l'Europa*, Torino, Einaudi, 1979, p. 249-256 ; et Bouwsma, William J., *Venezia e la difesa della libertà repubblicana. I valori del Rinascimento nell'età della Controriforma*, Bologna, Il Mulino, 1977.

12 C. Pin, « Introduzione », *Consulti*, *op. cit.*, p. 54.

et les imprimés qui les véhiculent. La coïncidence de ces deux éléments nous invite à minimiser l'anomalie de ces ecclésiastiques vénitiens faisant par écrit un procès contre Rome et sa foi : « la résolution de la congrégation du Saint-Office de procéder contre [Giovanni] Marsilio en conformité avec le droit ne peut être blâmée par personne[13] », écrit le nonce Berlighiero Gessi, de Venise le 24 novembre 1607, dans un jugement qui fait écho à l'avis général à Rome.

Les théologiens restés fidèles à Venise sont ainsi placés sous surveillance afin de déceler tout défaut moral ou doctrinal susceptible d'étayer l'accusation d'hérésie ou d'immoralité. Le lien logique défendu par Rome est d'origine augustinienne et il est bien illustré par l'inquisiteur Giovan Pietro Carafa, futur pape Paul IV, dans le mémoire qu'il présente le 4 octobre 1532 à Clément VII, *De lutheranorum haeresi reprimenda et ecclesia reformanda*. L'hérésie est une erreur, or l'erreur s'installe lorsque les passions l'emportent sur la raison : « le fléau de l'hérésie, conclut Carafa, est introduit soit par les sermons et les livres hérétiques, soit par la longue habitude d'une vie mauvaise et dissolue[14] ». Un réseau d'espions est donc mobilisé pour appuyer cette affirmation et mettre au jour livres hérétiques et vie dissolue.

En effet, la collecte d'informations sur Sarpi n'a pas commencé en 1606 : elle avait déjà débuté cinq ans plus tôt, alors que l'attitude de la curie n'était pas encore influencée par le conflit politique. Lors de la vacance du siège épiscopal de Nona, en Dalmatie, en 1601, le servite s'était proposé pour cet office : « Je le désire, écrivait-il dans la requête envoyée au Sénat, pour nulle autre raison que pour avoir le temps et le confort de me consacrer avec plus de repos à mes études, tout en me montrant en toute occasion comme le serviteur révérencieux et perspicace de cette Sérénissime République dont j'ai toujours été le serviteur[15] ». Le contenu de cette requête est presque provocateur dans sa manière d'exclure toute référence à la cure des âmes et au service dû à l'Église,

13 Savio, Pietro, « Per l'epistolario di Paolo Sarpi », *Aevum*, X, 1936, p. 17.

14 Carafa, Gian Pietro, « De lutheranorum haeresi reprimenda et ecclesia reformanda », in *Concilium tridentinum*, XII, Friburgi Brisgoviae, 1930, p. 69. Ce discours reprend l'*Instruttione data al reverendo padre fra Bernardino da Venezia*, voir Monti, Gennaro M., *Ricerche su papa Paolo IV Carafa*, Benevento, Coop. Tip., 1923, p. 60 ; en ce qui concerne la matrice augustinienne, voir Ricci, Saverio, *Davanti al Sant'Uffizio. Filosofi sotto processo*, Viterbo, Sette Città, 2009, p. 21-22.

15 Pirri, Pietro, « Come Paolo Sarpi non fu vescovo di Nona », *Civiltà cattolica*, 1936, n° 4, p. 197-198.

pour ne rappeler que la nécessité de l'étude et la loyauté due à Venise : il s'agit exactement du lexique de ces *deformationes* de la Renaissance que le Concile de Trente avait voulu « réformer ». Ayant reçu par voie officielle la requête de Sarpi, le cardinal-neveu Pietro Aldobrandini écrit au nonce de Venise Offredo Offredi pour recueillir des informations sur le candidat. Dans une lettre confidentielle envoyée le 10 novembre en parallèle du courrier ordinaire, celui-ci rapporte que Sarpi « est à mon sens un homme qui peut croire des choses qu'il ne faudrait pas, et ne pas croire en d'autres dans lesquelles nous devrions. J'ai même entendu murmurer que lui et quelques autres tiennent une petite école [où l'on enseigne] beaucoup d'erreurs[16] ». Avec prudence, Offredi dévoile ses sources – Gabriele Dardano, ancien vicaire de l'ordre des Servites de Marie, et le jésuite Achille Gagliardi – tout en demandant de garder sa lettre secrète « parce que cet homme contrôle la moitié de cette ville ». Il s'agit d'un témoignage bien connu de l'hétérodoxie de Sarpi, mais ce n'est pourtant pas l'argument invoqué par Clément VIII face à l'ambassadeur vénitien chargé de plaider sa cause à Rome. Lorsque Giovanni Mocenigo appuie la candidature de Sarpi en soulignant sa vaste culture, le pape répond que « pour ce qui est de la littérature, nous en sommes satisfaits, mais pour ce qui est de sa vie, nous n'en avons pas le récit que nous souhaiterions[17] ». Mocenigo réplique alors que « dans la vie de ce père il n'y a pas moins de bonté qu'il n'a de doctrine » et que le caractère calomnieux des rapports issus des ordres religieux était bien connu. Quelques semaines plus tard, l'ambassadeur revient donc à la charge mais Clément VIII y coupe court : « nous avons déjà dit à Votre Seigneurie que bien que nous soyons satisfaits des informations relatives à la doctrine de ce père, ce n'était pas le cas pour les autres éléments[18] ».

Le langage utilisé par Clément VIII et Mocenigo est clair et oppose le savoir doctrinal au mode de vie, en faisant référence aux informations provenant de l'ordre des Servites de Marie. Il semble donc faire allusion non pas tant à la lettre envoyée par Offredi qu'à un rapport *de vita et moribus* aujourd'hui conservé parmi les documents rassemblés par Scipione Borghese contre Sarpi et fondé sur des sources internes à son ordre. Le rapport indique, comme d'habitude, que « frère Paolo est maintenu en

16 *Ibid.*, p. 198.
17 *Ibid.*, p. 201.
18 *Ibid.*, p. 202.

bonne santé par sa religion » mais il ajoute que cette réputation très répandue présente quelques faiblesses par rapport à l'application qu'il met dans la dévotion. Sarpi avait séjourné chez le duc de Mantoue, Guillaume Gonzague, où il avait montré quelques doutes en matière de foi[19]. Docteur en théologie à Padoue, il est rapidement devenu procureur général de son ordre, mais « quant à sa vie et à ses mœurs, il a toujours été très habile, de sorte que tout le monde le soupçonnait d'être un Alcibiade, mais en public et aux yeux de tous, personne ne semblait pouvoir rien lui reprocher », au point de susciter des plaintes de ses supérieurs, selon lesquels « ses mœurs ne correspondaient pas à ce qu'on lui prescrivait[20] ». On relève qu'il est dépourvu de la dévotion et de l'assiduité aux offices divins propres à un bon « et non simulé religieux [...] et le bruit court qu'il ne récitait jamais l'office divin ; comme il ne s'employait pas à ce qu'il ne pouvait omettre sans être coupable de sacrilège, qui croira qu'il ait jamais consacré un moment aux autres exercices spirituels[21] ? ».

Dans la fureur de la « guerre des écritures », les conclusions de ce rapport et de l'enquête parallèle envoyées par Offredo Offredi furent étalées au grand jour par Antonio Possevino dans sa *Réponse de Teodoro Eugenio de Famagosta à l'avis émis par M. Antonio Quirino* où il intègre des informations issues de l'inquisiteur de Venise, Giovanni Domenico Vignucci da Ravenna :

> Il y a quelques années, il a été dénoncé par Mgr Offredi, nonce apostolique, à Sa Sainteté Clément VIII pour avoir voulu introduire – au prétexte d'une Académie dans laquelle quelques nobles se sont plusieurs fois rassemblés avec le secrétaire Magno et l'avocat Marcellino – non seulement l'opinion de la mortalité de l'âme selon Aristote, mais aussi la résolution d'induire le Sénat à n'admettre à l'université de Padoue que des enseignants philosophes qui interprèteraient Aristote dans le sens de cette erreur ; ce qui (pour ne pas dire ce que je tais en toute honnêteté sur sa vie) donna l'occasion au pontife de rejeter sa demande d'évêché. On a fini par comprendre que sa blessure intellectuelle était plus profonde que ce qu'il montrait. C'est à partir de cette erreur que l'avocat Marcellino a écrit un livre en langue italienne sur

19 AAVat, *Borghese*, I, 26, f. 262v-263r. Le rapport entre Sarpi et le duc Guillaume Gonzague est abordé aussi par Micanzio, Fulgenzio, *Vita del padre Paolo* in Sarpi, Paolo, *Istoria del Concilio tridentino*, édition critique par Corrado Vivanti, Torino, Einaudi, 1974, vol. 2, p. 1279, qui rapporte que ce fut l'occasion pour Sarpi de perfectionner son hébreu.

20 *Ibid.*, f. 263v.

21 *Ibidem.*

> l'immortalité de l'âme, craignant que certains de ces Académiciens ne tombent dans l'athéisme. Ce livre fut vu par l'inquisiteur Vignucci et resta quelque temps entre les mains de Ciotti pour le faire imprimer, il ne fut cependant pas publié en raison de la mort du bon Marcellino, qui est saintement passé de vie à trépas[22].

La plainte de Possevino propose les bases de l'interprétation romaine des positions de Sarpi[23]. Cette interprétation peut être décrite comme suit : les positions juridictionnelles défendues dans les écrits sont issues d'une philosophie averroïste combinée à des mœurs désordonnées ; c'est pourquoi Clément VIII lui a refusé l'évêché et le candidat, déçu, en aurait tiré une forte hostilité envers l'Église[24]. Il s'agit donc d'une hérésie associée à une ambition frustrée et à une conduite de vie non conforme aux bonnes mœurs.

L'interprétation proposée par Possevino est également confirmée par d'autres informations recueillies par Scipione Borghese. Le 9 mars 1607, Mariano Pierbenedetti, cardinal de Camerino, transmet au cardinal-neveu une lettre secrète reçue d'un anonyme « sénateur de tout premier plan » (*senatore principalissimo*) de Venise pour expliquer la position du doge Leonardo Donà et des sénateurs pro Sarpi. La lettre, écrite dans un langage cryptique et avec une fausse écriture pour éviter que l'auteur ne soit identifié en cas d'interception, décrit la situation vénitienne générée par l'Interdit en affirmant que « l'affaire a pour origine le chef de la compagnie athéiste, dont le but est d'introduire la liberté de conscience. Le chef est dégoûté par l'Église à cause des choses dites oralement. Les membres de la compagnie sont presque tous ceux qui sont impliqués dans cette affaire et, au prétexte que leur liberté est

---

22 *Risposta di Teodoro Eugenio di Famagosta all'all'Avviso mandato fuori dal signor Antonio Quirino, senatore veneto. Circa le ragioni che hanno mosso la Santità di Paolo V pontefice a publicare l'Interdetto sopra tutto il Dominio Vinitiano*, Bologna, nella Stampa Archiepiscopale, 1606, p. 6.

23 Pour la nomenclature des inquisitions italiennes, voir Al Sabbagh, Luca, Santarelli, Daniele, *et al.*, *I Giudici della Fede. L'Inquisizione romana e i suoi giudici in età moderna*, Firenze, Edizioni Clori, 2017 ; pour les inquisiteurs de Venise, voir p. 129-130.

24 Sur cette affaire, voir P. Pirri, « Come Paolo Sarpi non fu vescovo di Nona », art. cité, p. 197-198. Le refus de Clément VIII d'attribuer l'évêché de Nona à Sarpi est évoqué aussi par F. Micanzio, *Vita del padre Paolo*, *op. cit.*, p. 1312. Cet événement peut être considéré comme certain même si ce n'est pas dans les termes indiqués par Possevino : la critique de la théologie et les projets de laïcisation des institutions politiques vénitiennes apparaissent dans les écrits privés de Sarpi à partir de la fin des années 1580, il n'y a donc pas de lien avec la déception liée à l'évêché.

menacée, ils convainquent le Sénat de ce qu'ils veulent[25] ». Dans la note d'accompagnement avec laquelle il transmet la lettre à la secrétairerie d'État, Pierbenedetti interprète le texte comme signifiant que « le chef de la compagnie athéiste est le doge et frère Paolo. La compagnie désigne cette Académie dont frère Paolo est le chef[26] ». Pierbenedetti divise donc en deux têtes ce que le « sénateur de tout premier plan » avait appelé « le chef » mais il confirme la conviction qu'autour de Sarpi s'était rassemblée une « académie » philosophique politiquement active et fréquentée par la plupart de ceux qui soutenaient la position de Venise. Pietro Savio a proposé d'identifier l'auteur de la lettre comme étant Angelo Badoer qui ne peut certes pas être considéré comme un « sénateur de tout premier plan » mais, en décembre 1607, il est jugé par les *Inquisitori di Stato* (inquisiteurs d'État) pour avoir secrètement rencontré le nonce Gessi dans le couvent des Frari, peu après l'arrivée de ce dernier à Venise en juillet 1607. Les trois inquisiteurs d'État qui l'ont jugé – Leonardo Mocenigo, Marc'Antonio Erizzo et Nicolò Contarini – avaient également connaissance d'une lettre envoyée par Badoer. En effet, le 22 décembre 1607, Gessi informe lui-même Scipione Borghese que « sur l'affaire Badoer, en plus de ce qui est écrit dans la lettre, je dirais qu'il semble que le procès n'a pas montré qu'il ait révélé des informations, mais ces messieurs sont dans l'expectative à cause des informations transmises par l'ambassadeur, selon lesquelles à Rome beaucoup de secrets de la République seraient connus[27] ». À cette occasion, Badoer est condamné à un an de prison, à l'interdiction d'exercer des fonctions secrètes et de voyager à l'étranger. Il poursuit cependant son activité d'informateur et, en avril, il est à nouveau jugé par les inquisiteurs d'État pour intelligence avec des princes étrangers, vente de secrets politiques et incitation au renversement de la République. Cette fois, Badoer s'enfuit de Venise et commence une vie d'agent espagnol[28].

La nouvelle la plus alarmante arrivée au cours de ces mois sur le bureau du cardinal-neveu n'est cependant pas celle transmise par Pierbenedetti,

25 AAVat, *Borghese*, I, 695, f. 132r.

26 *Ibid.*, f. 131.

27 Cité dans P. Savio, « Per l'epistolario di Paolo Sarpi », *Aevum*, X, 1936, (XIV), p. 9 ; pour le contexte de l'affaire, voir Gaeta, Franco, entrée « Angelo Badoer », *Dizionario biografico degli italiani* (*DBI*), Roma, Istituto dell'Enciclopedia Treccani, 1963. vol. 5, p. 99-101.

28 Preto, Paolo, *I servizi segreti di Venezia. Spionaggio e controspionaggio ai tempi della Serenissima*, Milano, Il Saggiatore, 2016, p. 79-82.

mais une autre qui a pris la forme d'une lettre d'information écrite entre fin 1606 et les premiers mois de 1607, sur la base de nouvelles provenant « d'une personne digne de foi et venue exprès de Venise ». D'après cette lettre :

> Dans la maison du grand et noble N., par l'intermédiaire d'un autre noble N., le frère servite Paolo, les deux Fulgenzi, le gris et le noir, et Giovanni Marsilio se sont rencontrés plusieurs fois. Entre autres choses, ils ont discuté en présence de l'archevêque schismatique de Philadelphie de la manière dont on pourrait créer, sans le pape, un patriarche de Venise auquel les cinquante évêques des territoires vénitiens obéiraient, y compris ceux des îles, de Dalmatie et de Slavonie[29].

Cette information concernait manifestement la poursuite du plan décrit par l'ambassadeur anglais à Venise, Henry Wotton, lorsqu'en février 1606 il écrit au représentant anglais à Bruxelles, Thomas Edmondes, qu'en prévision des menaces de censure agitées par Rome, certains théologiens vénitiens envisagent la possibilité de passer à l'Église grecque au cas où ils échoueraient à faire dire la messe à leurs prêtres latins[30]. Cette même crainte est réitérée par le nonce Berlinghiero Gessi dans une lettre du 24 novembre, lorsqu'il dit craindre que Sarpi en personne ne soit élu patriarche de cette nouvelle Église[31]. Le 20 juillet 1606, un autre rapport confirme ces informations, avertissant que Fulgenzio Micanzio « interrogé par des gentilshommes sur la certitude du Salut pour ceux qui se rapprocheraient des grecs, répondit de façon positive[32]. »

Le dossier de Scipione Borghese a aussi été enrichi de dépositions de théologiens ayant fait défection. Le 17 juin 1607, Marcantonio Capello et, le 4 juillet, le frère mineur observant Francesco Panza

---

29 AAVat, *Borghese*, II, 5, f. 134r. La lettre n'est pas datée mais le contexte du codex indique qu'elle remonterait aux premiers mois de 1607 : des feuillets précédents portent la date du 20 avril 1607, le feuillet 128 est du 6 janvier 1607. Ce billet a été publié par P. Savio, « Per l'epistolario di Paolo Sarpi », *Aevum*, 1936, XIV, p. 17. Même le contenu de la notice correspond à l'information fournie par Wotton en 1606 sur la marche à suivre en cas d'excommunication.

30 Villani, Stefano, « Uno scisma mancato : Paolo Sarpi, William Bedell e la prima traduzione in italiano del Book of Common Prayer », *Rivista di Storia e letteratura religiosa*, LIII, 2017), p. 68 ; sur ce sujet voir aussi Ord Smith, Melanie, « Venice and Roma in the Address and Dispatches of Sir Henry Wotton : first English Embassy to Venice 1604-1610 », *The Seventeenth Century*, XXII, 2007, p. 3-22.

31 P. Savio, « Per l'epistolario di Paolo Sarpi », *Aevum*, X, 1936, p. 18.

32 *Ibid.*, p. 20.

accusent Micanzio d'avoir soutenu des positions contraires à l'autorité du pape dans l'un de ses sermons de Carême et, en particulier, d'avoir défini l'Église comme une congrégation de fidèles sans chef visible. Il y a ensuite la déposition de Fulgenzio Manfredi pour être absout de l'excommunication, qu'une note de Paul V résume ainsi : Sarpi et son élève Micanzio ont eu des contacts avec l'ambassadeur anglais, ils possèdent des livres interdits « et ils se promènent ensuite dans les ateliers en propageant leurs idées mortifères ». Sarpi diffuse en plus les principes calvinistes dans les maisons patriciennes, il veut faire imprimer certains de ces livres en italien et il pense que la messe doit être dite en langue vernaculaire. Enfin, Micanzio se préparerait à prêcher ces mêmes idées pour le Carême suivant[33].

La déposition de Manfredi est envoyée à Gessi qui, le 3 janvier 1609, répond avec perplexité : « J'ai examiné les écrits présentés par le frère *zoccolante* Fulgenzio et je dois dire que je n'ai jamais compris ni cru que ces gentilshommes puissent approuver par leur autorité publique qu'une telle doctrine [calviniste] soit diffusée parmi les Vénitiens et les autres catholiques qui sont ici, mais ils tolèrent pourtant que les Anglais et les Flamands [...] essaient d'implanter les mêmes idées[34] ». Pour prendre des initiatives, il aurait fallu « quelque preuve certaine » et cela était très difficile « parce que [Sarpi] traite en secret et avec des personnes de confiance ; de sorte qu'en parler au Collège avant d'avoir en main quelque preuve certaine ne me paraît pas sûr[35] ». Dans la dépêche du 31 janvier, Gessi ajoute également qu'il n'a aucun espoir de convertir Sarpi et Giovanni Marsilio et que « pour cette raison, il faudrait, pour la justice et notre réputation, engager des procédures contre eux. Si cela se produit, il est certain qu'ici ils seront défendus et favorisés autant qu'ils le sont aujourd'hui, voire davantage. Ce que l'on devrait, ou pourrait faire contre la République qui promeut l'hérésie, il est inutile d'en parler puisque cela dépend de la prudence de Notre Seigneur, des forces ecclésiastiques, de la volonté et des intérêts des princes[36] ».

Un autre très volumineux rapport, intitulé *Intention, opinion et doctrine propagée à Venise*, informait la secrétairerie d'État que le dessein de ce

33 AAVat, *Borghese*, I, 540-542, f. 577 bis.
34 P. Savio, « Per l'epistolario di Paolo Sarpi », *Aevum*, X, 1936, p. 22.
35 *Ibid.*, p. 22.
36 P. Savio, « Per l'epistolario di Paolo Sarpi », *Aevum*, XVI, 1942, p. 11.

qu'il désignait comme la « cabale » sarpienne était « de retirer ou de diminuer la réputation et le pouvoir de Vos Seigneuries et du Saint-Siège afin de libérer les peuples et lui-même de la sujétion[37] ». C'est pourquoi il soutient que, selon Sarpi, « les choses qu'il faut croire sont toutes exprimées ou implicites dans les Saintes Écritures et il n'y a pas besoin d'une autre autorité ou doctrine des hommes ». Par conséquent : « Maître Paolo, dans son prêche, exhortait à réprimander généralement et modestement, en persuadant de bien vivre selon l'Évangile, mais à louer, célébrer et magnifier la foi et la confiance dans le Christ, notre Seigneur et maître, les mérites de son sang versé pour notre salut, que lui seul donne et que personne d'autre ne peut nous donner, ni nous retirer[38] ». Il était donc nécessaire d'imprimer et de diffuser la Bible en langue vernaculaire, tandis que la prière pouvait avoir lieu n'importe où car, ce faisant, « on risque moins l'idolâtrie ou du moins la superstition que lorsqu'on la rattache à tel ou tel saint et à son image[39] ». Il existe donc une faction pro-sarpienne, appelée « cabale » par ses adversaires, dont une autre lettre de renseignements désigne les membres, ou du moins certains, parmi lesquels les sénateurs Agostin da Mula, Antonio Calbo, Antonio Foscarini, Benedetto Moro, Bernardo Marcello, Domenico Molin, Francesco Martino, Francesco Priuli, Giacomo Corner, Girolamo Diedo, Girolamo Giustinian, Giovanni Querini, Giovan Francesco Sagredo, Giulio Contarini, Leonardo Donà avec son frère Nicolò, Leonardo Mocenigo, Luigi Zorzi, Luigi Priuli, Marco Bragadin, Marc'Antonio Erizzo, Nicolò Contarini, Sebastiano Venier, Zaccaria Sagredo et certains Grimani[40].

Scipione Borghese possédait également un mémoire intitulé *Avvertimenti politici intorno a molte ragioni di fra Paolo Veneto persuase alla Repubblica di Venetia contra gli ecclesiastici* (*Avertissements politiques sur les nombreux arguments de frère Paolo de Venise contre les ecclésiastiques dont il a convaincu la République de Venise*) et composé par un Vénitien utilisant

37 AAVat, *Borghese*, II, 48, f. 179-180. Le verso du document porte l'annotation « Intentione, opinione e dottrina che si dissemina in Venetia ». Ce rapport est intégralement transcrit, mais sans marque de début ni de fin, il est donc inexploitable, voir P. Savio, « Per l'epistolario di Paolo Sarpi », *Aevum*, 1936, XIV, p. 18-22 où il est arbitrairement attribué à Fulgenzio Manfredi.

38 P. Savio, « Per l'epistolario di Paolo Sarpi », *Aevum*, 1936, XIV, p. 21.

39 *Ibid.*, p. 19.

40 AAVat, *Borghese*, II, 48, f. 168.

le pseudonyme de Filopoliti. Le mémoire donne une image positive des mœurs de Sarpi et a donc été classé sous le titre *Fra Paolo è tenuto di buona vita dalla sua religione* (*Frère Paolo est considéré comme de bonnes mœurs par sa religion*)[41]. Gessi émet le même son de cloche dans sa dépêche du 5 juin 1608 lorsqu'il informe le cardinal-neveu qu'à l'inverse, le crédit de Giovanni Marsilio est en déclin. L'année suivante, le 7 novembre 1609, le nonce ajoute que Marsilio vit avec une femme « une certaine Cicilia », qu'il officie rarement, qu'il « n'est pas en bonne grâce » mais qu'il est bien défendu pour des raisons politiques, qu'il fréquente la place et le palais et « s'applique à instruire les jeunes nobles en matière politique[42] ». Sur le frère Bernardo Giordano, Gessi rapporte que « c'est un homme malin et terrible et qu'au moyen de la confession il a fait beaucoup de mal aux intérêts de Rome[43] ». Sur le frère Michelangelo Bonicelli, le même nonce affirme que « son but est de bien manger et de bien boire et on dit qu'il fréquente les femmes[44] ». Sur Sarpi, en revanche, il n'a pu recueillir aucun écho négatif : « seul le frère Paolo conserve une excellente réputation grâce à beaucoup de dissimulation et d'habileté[45] ».

LA DÉPOSITION DE LUIGI VALERIANI

Alors que cette correspondance se poursuit entre Rome et Venise, un nouvel événement survient : le 15 janvier 1609, le prêtre Luigi Valeriani fait sa première déposition à Milan devant l'inquisiteur Michelangelo Seghizzi et l'archevêque Frédéric Borromée. Valeriani est un prêtre passé à la Réforme, devenu ensuite un collaborateur de l'ambassadeur Henry Wotton avant de faire machine arrière. Dans sa première déposition, il déclare que le plus proche collaborateur de Sarpi, Fulgenzio Micanzio, continue à confesser les pénitents mais qu'il utilise ce sacrement pour

41 AAVat, *Borghese*, I, 26, f. 259-300 ; le titre est au f. 262v.
42 P. Savio, « Per l'epistolario di Paolo Sarpi », *Aevum*, X, 1936, p. 46.
43 *Ibidem*.
44 *Ibid.*, p. 47.
45 AAVat, *Borghese*, II, 274, f. 15v-16r.

diffuser des concepts qu'il qualifie de « calvinistes ». À la fin de la confession, Micanzio demande au pénitent s'il pense que le prêtre a le pouvoir de pardonner les péchés et, si le pénitent répond par l'affirmative, il lui répond que ce pouvoir n'appartient qu'au Christ, puis il ajoute que les bonnes œuvres ne procurent aucune récompense. Valeriani déclare également que Micanzio s'adresse de manière particulière aux femmes, considérées comme plus influençables, et que dans les sermons de Carême de ce printemps 1608, il avait subrepticement transmis le « calvinisme ». Ce témoignage déclenche une vaste enquête du Saint-Office, qui mobilise toutes les inquisitions actives sur le territoire italien, y compris celle de Venise qui reçoit la déposition de Domenico D'Ancona le 24 mars 1609. D'après une déposition faite à Ferrare par Giovan Battista de Nanis, Micanzio aurait affirmé que les articles qu'il faut croire doivent exclusivement être issus des Écritures ; ces déclarations de Micanzio sur le principe de la *sola scriptura* sont confirmées par Domenico Facino le 1er mai. Le 10 mai, le vicaire archiépiscopal de Milan recueille une deuxième déposition, plus complète, dans laquelle Valeriani explique qu'il a voyagé en Europe, ce qui lui a donné l'occasion de connaître les doctrines de Calvin et de ses interprètes Pierre Martyr [Vermigli] et Théodore de Bèze. L'ambassadeur anglais Henry Wotton l'a chargé de rester en contact avec Sarpi et Micanzio, et cette mission lui a permis de gagner leur confiance au profit de l'ambassade anglaise. De ses conversations avec les deux servites, Valeriani a déduit qu'ils professaient une doctrine « calviniste », ce qui aurait été confirmé par les livres qu'il a vus entre leurs mains. Un jour qu'il était allé rendre visite à Micanzio, il a en effet aperçu l'*Insitutio christianae religionis* de Calvin dans sa cellule, tandis qu'une autre fois, toujours avec Micanzio, il a vu un agent anglais arriver avec un livre envoyé par Jacques Ier à l'ambassadeur, contenant une contestation des prérogatives pontificales. Il ressort de ses conversations avec Micanzio que celui-ci ressent un malaise vis-à-vis de la foi catholique « et en particulier de la confession sacramentelle et de l'immortalité de l'âme dont il disait douter[46] ». Après ce nouveau témoignage, le 18 mai, un témoin nommé Cristoforo Zaffio est interrogé à Ravenne : il rapporte une conversation qu'il a eue

46 « et praecipue de confessione sacramentali et de immortalitate animae humanae de quibus dicebat se habere dubitationem », AAVat, *Borghese*, I, 26, *Contra fratrem Fulgentium de Brixia ordinis servorum*, f. 239r.

avec Micanzio, au cours de laquelle ce dernier aurait affirmé que, pour comprendre les Écritures, il faut les lire sans le filtre de la doctrine.

Le témoignage de Valeriani incite le Saint-Office à demander aux légations de Romagne et de Ferrare d'envoyer des théologiens pour assister aux très attendus sermons de Micanzio du Carême de 1609, afin d'en rédiger la censure[47]. Ils auraient dû être accompagnés par le nonce Berlinghiero Gessi et l'inquisiteur Giovanni Domenico Vignucci.

47 Pour les légations et les légats de l'État pontifical, voir *Legati e governatori dello stato pontificio (1550-1809)*, éd. Ch. Weber, Ministero per i Beni culturali e ambientali – Ufficio centrale per i Beni archivistici, 1994, p. 249-257 pour Ferrare et p. 363-374 pour la Romagne.

LA MISSION GRAZIANI

C'est dans ce contexte que Scipione Borghese a l'idée d'envoyer à Venise l'un de ses agents, issu du même ordre religieux que Sarpi et qui pouvait ainsi facilement pénétrer dans le couvent vénitien des Servites de Marie afin d'y glaner des informations sur Sarpi lui-même et sur les autres protagonistes de la politique vénitienne. Pour cette tâche, il choisit Giovan Francesco Graziani, servite du couvent Santa Maria Nuova de Pérouse. Fin 1608, celui-ci reçoit l'ordre de se rendre à Venise et d'y recueillir des documents compromettants à faire examiner par la secrétairerie de l'État et par l'Inquisition. Immédiatement, ou peut-être après, la mission de Graziani change d'objet et il reçoit l'ordre de tuer. Découvert et arrêté en mars 1609, l'agent de Scipione Borghese est condamné à une peine légère : un an d'emprisonnement dans la nouvelle prison « delli capi » (des chefs)[1]. À sa libération, il a couché son récit dans un mémoire adressé à Paul V, aujourd'hui conservé à la British Library sous la cote *Additional Manuscript 6877*[2].

---

1 Cette affaire est évoquée par Campbell, Arabella G., *The Life of Fra Paolo Sarpi : theologian and consultor of State to the most Serene Republic of Venice and author of the History of the Council of Trient*, London, Molini and Green, 1869, p. 183-187 ; et De Magistris, Carlo Pio, *Per la storia del componimento della contesa tra la Repubblica veneta e Paolo V, 1605-1607, documenti*, tip. G. Anfossi, Torino, 1941, p. 321-324.

2 Ce texte a été signalé en 1967 par Boris Ulianich dont voici le jugement sur son contenu : « per quanto concerne le notizie su fra Paolo e fra Fulgenzio, bisogna dire che esse sono nauseanti : si tratta di calunnie sul piano morale per lo meno atroci » : dans Ulianich, Boris, « Paolo Sarpi, il generale Ferrari e l'ordine dei serviti durante le controversie veneto-pontificie », *Studi in onore di Alberto Pincherle*, Roma, 1967, vol. 2, p. 589 ; il a donc sélectionné les informations contenues dans le mémoire en n'utilisant que celles relatives au départ de Micanzio de Bologne, qu'il considère comme fiables. Sur la même ligne, voir *Id.*, « Le *Epistole* paoline nel pensiero e nelle opere di fra Paolo Sarpi », *Ripensando Paolo Sarpi : atti del convegno internazionale di studi nel 450e anniversario della nascita di Paolo Sarpi*, éd. C. Pin, Venezia, Ateneo veneto, 2006. Le mémoire n'est pas connu de Gaetano Cozzi et il n'est pas non plus cité par Yates, Frances A., « Paolo Sarpi's *History of the Council of Trent* », *Journal of the Warburg and Courtauld Institutes*, n° 7, 1944, p. 123-143, tandis qu'il a été utilisé par David Wootton dans son livre sur Sarpi qui, au contraire, se

LE RÉCIT DE GRAZIANI

Le manuscrit du mémoire est composé de groupes de feuillets pliés en cahiers de différentes tailles formant un dossier, aujourd'hui rassemblé sous une reliure cartonnée. Le dos en cuir de ce volume porte l'inscription dorée « Binda papers vol. V ». Le texte, sans titre, s'ouvre sur l'invocation « Iesus Maria » et se poursuit par les mots suivants :

> Votre Sainteté, Très Saint Père, doit avoir, du mieux que me le permettent mes faibles forces, le récit le plus détaillé et le plus minutieux possible de l'affaire qui m'est arrivée à Venise, ainsi que des odieuses actions des frères servites Paolo et Fulgenzio, qui est l'un de ces sept théologiens, de frère Antonio da Viterbo, le secrétaire de frère Paolo, ainsi que des actions odieuses des nobles. Tout cela sera donc exposé par moi, frère Giovan Francesco de l'Ordre des Servites de Pérouse, très humble et très obéissant fils de Votre Sainteté, avec la pureté qu'il convient, puisqu'à vos pieds on ne peut déposer que la pure et simple vérité[3].

Le dossier se termine sur ces mots : « Moi, frère Giovan Francesco Graziani des Servites de Pérouse, fils très humble, pieux et obéissant de Votre Sainteté, j'ai exposé comme vrai ce qui est contenu dans ces pages ». Le texte évoque le bûcher de Fulgenzio Manfredi, qui a eu lieu le 5 juillet 1610 au Campo de' Fiori, et dénonce le cycle des sermons de Carême donnés par Fulgenzio Micanzio en mars-avril 1609 comme ayant eu lieu « non pas ce Carême, mais l'autre où frère Fulgenzio prêcha à San Lorenzo à Venise[4] ». On peut donc dater cet écrit à l'automne 1610, après sa libération de prison qui a probablement eu lieu en mars de la même année. Le mémoire a deux parties : dans la première, le frère

base précisément sur les informations contenues dans ce document : *Paolo Sarpi. Between Renaissance and Enlightenment*, Cambridge, Cambridge University Press, 1983, p. 138-139. Le peu d'influence des recherches de Wootton sur l'historiographie italienne peut être constatée dans l'introduction de Corrado Pin à P. Sarpi, *Consulti*, *op. cit.*, p. 85, où, malgré la qualité documentaire générale, l'intrigue de Graziani est placée parmi les « attentats, vrais ou présumés ».

3 British Library London (désormais BLL), *Additional Manuscript* 6877, f. 1r.

4 *Ibid.*, f. 22r : « come quel frate Fulgenzio de' zoccolanti che è stato abrugiato ». Sur la mort de Fulgenzio Manfredi, voir Petrolini, Chiara, « Un salvacondotto e un incendio. La morte di Fulgenzio Manfredi in una relazione del 1610 », *Bruniana e Campanelliana*, n° 18, 2012, p. 161-185 ; Zago, Roberto, entrée « Fulgenzio Manfredi », *DBI*, vol. 68, 2007.

Graziani raconte à Paul V les événements qui l'ont conduit en prison et le procès qui a suivi ; dans la seconde, il expose ce qu'il sait et a appris sur Paolo Sarpi, sur son secrétaire Antonio Bonfini, sur son collaborateur Fulgenzio Micanzio et sur le patriciat vénitien. Voyons maintenant ce qui est rapporté à Paul V. Graziani a reçu une lettre du frère Bernardo Rocci de Pérouse, un servite de Marie au service de Scipione Borghese, lui ordonnant de se rendre à Venise et d'enquêter sur la conduite et les pensées des servites pro-vénitiens[5]. Graziani est alors logé à Padoue et il se rend ensuite au couvent vénitien des Servites de Marie où il approche le secrétaire de Sarpi, Antonio Bonfini. Le contact est facile car, originaires de la même province et du même ordre religieux, ils se connaissent depuis longtemps. Dans la cellule de Bonfini se trouvent de nombreux écrits appartenant à Sarpi, parmi lesquels Graziani remarque une « Confession de foi de quelques églises dispersées en France ». Bonfini explique alors à Graziani que Sarpi écrit sur de nombreux sujets mais que son but principal est de s'en prendre aux papes. Graziani recopie quelques feuillets, puis demande à Bonfini de faire une copie intégrale des écrits de Sarpi en sa possession et l'invite à faire défection[6]. Bonfini répond qu'il est tenté mais qu'il craint que sa position de secrétaire de Sarpi ne soit pas bien vue à Rome. Graziani tente alors de le convaincre du contraire en lui présentant les cas des frères Marcantonio Capello et Fulgenzio Manfredi, dont les défections se sont bien passées – l'année suivante, Manfredi allait pourtant être brûlé sur un bûcher au Campo de' Fiori mais cela n'avait pas encore eu lieu et, à ce moment-là, l'argument semblait encore recevable[7]. Bonfini promet à Graziani d'aller le voir à Padoue où, dès son retour, ce dernier commence par écrire à Bernardo Rocci pour l'informer des faits. Celui-ci répond : « de tout mettre en œuvre pour obtenir ce livre, et d'envoyer ici les feuillets mentionnés comme je l'ai fait[8] ». Après avoir reçu la copie de ces pages, Rocci fait savoir « que ces feuillets ont été appréciés et que Sa Sainteté les a eus entre les mains[9] », puis il ajoute que « à Rome on souhaite recevoir quelques écrits de frère Paolo pour déterminer et toucher du doigt ce

5 BLL, *Additional Manuscript* 6877, f. 1r. Le nom de frère Bernardo a été identifié grâce à la collaboration de Stefano M. Villani O. S. M. que je remercie.

6 *Ibid.*, f. 1v.

7 *Ibid.*, f. 2r.

8 *Ibid.*, f. 2v.

9 *Ibid.*, f. 2v.

qu'il compte faire pour s'en prendre au pontife de Rome[10] ». Lors de leur rencontre suivante, Graziani montre à Bonfini la lettre de Rocci et lui promet une récompense conséquente, partiellement versée en avance, pour une collaboration qu'en effet il obtient. Bonfini accepte donc et promet « de prendre [à Sarpi] tous ses écrits[11] ».

Au fil des rencontres, les deux hommes reviennent sur le sujet et Bonfini raconte à Graziani qu'il a été approché par don Francesco Beretta pour le compte de Girolamo Matteucci, évêque de Viterbe et nonce à Venise sous Sixte V, pour assassiner Sarpi d'un coup de couteau. Bonfini ne se sent cependant pas capable d'utiliser un couteau et il demande à Graziani si Rocci pourrait lui procurer du poison[12]. De cette façon, il pourrait éliminer Sarpi, mais aussi Micanzio et cet imprudent frère Giovan Francesco de Venise [peut-être Giovan Francesco Segurtà[13]] qui prêche sans cesse contre le pape. Graziani répond n'avoir pas reçu d'instructions en ce sens mais qu'il autorise Bonfini à écrire à Rocci[14]. Bonfini écrit et Rocci lui répond que Scipione Borghese lui ordonne de s'adresser au cardinal Lanfranco Margotti qui, à son tour, déclare que Paul V recommande de ne s'occuper que des écrits et de laisser le reste de côté[15]. Graziani et Bonfini estiment quant à eux que le poison n'est pas la solution la plus adaptée car Sarpi ne mange que des choses très simples au réfectoire avec les autres frères, ce qui rend l'empoisonnement périlleux. On en conclut donc que la meilleure solution est de prendre – avec l'approbation de Rome – une empreinte en cire de la clé de sa cellule[16]. Après diverses négociations et discussions, Bonfini prend rendez-vous avec Graziani à Saint-Marc pour lui remettre les feuillets copiés, « mais le traître avait reconnu sa trahison, il avait déjà négocié avec maître Paolo et il lui avait montré les lettres [qu'ils avaient échangées] ». Lors du rendez-vous, Graziani est arrêté par un capitaine et un important corps de gardes, puis emmené en prison et interrogé[17].

10 *Ibid.*, f. 2v.
11 *Ibid.*, f. 3r.
12 *Ibid.*, f. 3v.
13 Voir F. Micanzio, *Vita del padre Paolo*, *op. cit.*, p. 1362.
14 BLL, *Additional Manuscript* 6877, f. 3v.
15 *Ibid.*, f. 4v-5r.
16 *Ibid.*, f. 5r.
17 *Ibid.*, f. 6r.

Les inquisiteurs d'État sont en possession de la correspondance de Graziani et lui demandent des explications. Celui-ci déclare être une connaissance de Bonfini et qu'il l'a prié « qu'au prochain Carême où je prêcherai à San Lorenzo, de bien vouloir m'écrire un [prêche] quadragésimal car j'avais un très grand désir qu'il me l'écrive[18] ». Comme « quadragésimal » était le code utilisé pour désigner la cire servant à prendre l'empreinte de la clef, cela signifie que Graziani essayait de faire croire à ses juges que le texte des lettres en leur possession n'avait qu'un sens littéral, rien de plus. Les inquisiteurs d'État lisent alors à Graziani les lettres d'Antonio Bonfini, où il écrit d'abord qu'il a copié un livre de Sarpi et qu'il veut le lui envoyer, puis il affirme vouloir utiliser du poison[19]. Le lendemain, Graziani est interrogé par les trois inquisiteurs d'État, Francesco Malipiero, Leonardo Mocenigo et Lorenzo Loredan, ainsi que par les *Avogadori*, et il est accusé d'avoir ourdi l'empoisonnement de Sarpi[20]. Les inquisiteurs organisent une confrontation entre Graziani et Bonfini et demandent à ce dernier de leur dire ce que Graziani lui a demandé dans l'église de Sainte-Justine à Padoue. Bonfini déclare alors que Graziani lui a demandé « par ordre du pape et du cardinal Borghese, de l'empoisonner[21] ». Graziani rit de ces mots et les conteste, pour disculper les deux Borghese[22], puis il exhorte Bonfini à ne déshonorer ni lui, ni le cardinal-neveu, ni le pape, tous trois innocents de ces accusations[23]. Un *avogadore* invite alors Graziani à dire la vérité sur les lettres et le projet de meurtre[24].

Les inquisiteurs d'État ont également en leur possession la correspondance entre Bonfini et Rocci et ils lisent la lettre dans laquelle ce dernier lui demande de se procurer les écrits de Sarpi afin d'éclairer ses idées et intentions concernant l'Église et le pape[25]. Graziani déclare alors que les lettres de Rocci saisies par les inquisiteurs d'État sont anodines et ne contiennent pas l'ordre de tuer Sarpi mais seulement de prendre ses papiers[26]. En d'autres termes, Graziani tente de minimiser

18 *Ibid.*, f. 6v.
19 *Ibid.*, f. 15v.
20 *Ibid.*, f. 6v.
21 *Ibid.*, f. 8v.
22 *Ibidem.*
23 *Ibid.*, f. 8v-9r.
24 *Ibid.*, f. 10v.
25 *Ibid.*, f. 13v.
26 *Ibidem.*

ce qui, selon ses propres mots, n'est qu'un ordre de voler, définissant Sarpi comme un « vieillard diabolique qui parlait vraiment comme un vieux fou et qui, d'indignation et de rage, se mettait hors de lui[27] ». Selon le récit de Graziani, Bonfini est donc le principal responsable de l'attentat et il risque d'être condamné à mort lorsque Sarpi intervient en sa faveur et demande que sa peine soit commuée en un exil de deux ans de Venise[28]. Pour expliquer à Paul V la légèreté de sa sanction, Graziani avance que la peine de Bonfini étant très limitée, malgré son rôle de principal responsable de l'attentat, les inquisiteurs d'État ne pouvaient pas lui infliger une peine plus importante, à lui, Graziani, auquel ils avaient au contraire reconnu une responsabilité marginale dans l'affaire.

Ainsi se termine la première partie du mémoire. Dans la deuxième partie, Graziani expose ce qu'il sait sur Sarpi, Micanzio et le patriciat vénitien. Le chapitre intitulé « Vie et mœurs de frère Paolo des Servites de Venise[29] » s'ouvre sur ce qu'il a appris en tant que membre de l'ordre : « Mon Père, notre religion [notre ordre] ne s'est jamais trompée sur le compte de frère Paolo, sur son idée de ne pas croire, d'être athée et sur son vice infâme[30] ». Les Servites de Marie savent bien qui est frère Paolo : c'est un homme qui ne croit en rien ; c'est pourquoi le cardinal Giulio Santori, protecteur de l'ordre, s'était opposé à l'attribution de l'évêché de Nona demandée sous le pontificat de Clément VIII, en s'exclamant : « Je ne veux pas que cela arrive car cet homme ne croit en rien ! » Puis il ajouta : « Je sais très bien que de nombreux ultramontains qui viennent à Venise le demandent. Pour son ordre, il est depuis longtemps de notoriété publique que frère Paolo fréquente certaines réunions secrètes à Venise[31] ».

Graziani rapporte ensuite ce qu'il a pu glaner auprès d'Antonio Bonfini sur les propos que Sarpi tenait à ses visiteurs. Non seulement il niait la véracité des Écritures, mais affirmait que « Moïse était un homme très rusé, désireux de dominer, que ces peuples étaient simplets et ignorants et que Moïse leur faisait croire tout ce qu'il voulait[32] ». Aux dires de Bonfini, au cours d'une conversation, Sarpi avait affirmé

27 *Ibid.*, f. 14r.
28 *Ibid.*, f. 19v.
29 « Vita et costumi di fra Paolo de' Servi da Venetia », *ibid.*, f. 20r.
30 *Ibidem.*
31 *Ibidem.*
32 *Ibid.*, f. 17r.

que Moïse « laissa entendre qu'il avait reçu la loi de Dieu [et que] ce n'étaient que des inventions de sa part pour se faire obéir et craindre[33] » puis « [il] concluait que les Saintes Écritures étaient des bêtises et des chimères[34] » tandis qu'il disait de l'Apocalypse de saint Jean que « ce n'étaient que des rêves, des inventions et des chimères de sa part[35] ». Bonfini rapporte aussi les nombreuses visites rendues à Sarpi par des Anglais et des Allemands qui le considèrent comme « le plus grand homme au monde aujourd'hui[36] ». Son soutien aux réformés vient du fait que « maître Paolo voit bien que, en tant qu'athée, cette opinion ne peut pas beaucoup nuire à l'Église ; il encourage et favorise donc la secte de Calvin par ressentiment envers l'Église[37] ».

Graziani complète ensuite les récits de Bonfini par quelques témoignages qu'il a recueillis lors de son séjour à Venise. Un jour, un juif (qu'il ne nomme pas) lui a demandé son opinion sur les convertis et lui, Graziani, a répondu tout le bien qu'il en pensait. Le juif lui dit alors qu'il avait discuté du même sujet avec Sarpi qui, au contraire, lui avait répondu « que toutes les lois sont bonnes tant qu'on vit en homme de bien[38] ». Graziani rapporte également que le frère Agostino des Servites de Vérone – qui appartenait à la même « secte » que frère Paolo et prêchait à Vicence – avait invoqué la « liberté de la nature » au détour d'une conversation et la « liberté de conscience[39] ». Une autre fois, « un libraire pérugin de Venise m'a dit qu'un neveu ou un fils du procureur Molino [Domenico Molin] lui avait fait relier des conférences du père Marsilio [Giovanni Marsilio] sur la politique d'Aristote, il en avait lu des passages et avait trouvé qu'il disait que les religions étaient des inventions des hommes et qu'elles avaient été inventées pour tenir les peuples en respect[40] ». Graziani ajoute ensuite que Sarpi « avait la réputation de ne jamais dire la messe ».

Graziani aborde ensuite la question de l'homosexualité. Il affirme que « frère Fulgenzio [Micanzio] a été son cynède : il s'agit donc d'une

33 *Ibidem.*
34 *Ibidem.*
35 *Ibidem.*
36 *Ibid.*, f. 20v.
37 *Ibidem.*
38 *Ibid.*, f. 20r.
39 *Ibid.*, f. 2 rv.
40 *Ibid.*, f. 34v.

rumeur publique et frère Antonio [Bonfini] me l'a dit en connaissance de cause[41] », puis il poursuit en disant que « frère Giovan Francesco de Venise [peut-être Segurtà] a été son cynède et c'est lui qui disait vouloir venir déloger Sa Sainteté[42] ». Il ajoute ensuite que « frère Cesare de Venise dit que [...] frère Paolo avait négocié avec lui[43] », que « frère Pietro de Padoue était aussi son cynède à ce qu'on dit et je l'ai entendu dire par plusieurs personnes », que « frère Valentino de Venise a été son cynède et il l'a lui-même confessé à ses compagnons, ceux-ci s'étant aperçus qu'il allait en cachette dans la chambre de frère Paolo et qu'il revenait toujours les poches pleines de friandises[44] ». Graziani rapporte également le témoignage du précédent nonce [Offredo Offredi] en affirmant que « à la cour de Monseigneur le Nonce, qui fut celui qui mourut à Venise, lorsque frère Paolo se rendait dans ce palais en compagnie du frère Antonio [Bonfini], il nous disait : voici le cynède de maître Paolo ». Graziani ajoute que les frères Bastiano, Santi, Giovanni « m'ont dit plusieurs fois que maître Paolo avait une relation suivie avec frère Antonio [Bonfini][45] ». Il y a aussi le témoignage du frère Angelo dal Borgo qui prêchait à Venise un ou deux ans avant l'Interdit. Ce dernier a déclaré à Graziani que, dans le couvent, tout le monde savait qu'il existait une relation entre Sarpi et Bonfini, en soulignant la grande infamie « de se servir d'un prêtre de manière aussi abjecte[46] ». Graziani a ensuite demandé confirmation à Antonio Bonfini lui-même, celui-ci a d'abord hésité mais « dernièrement il m'a avoué qu'il avait bien une relation[47] ». Graziani demanda ensuite à Bonfini si Sarpi avait eu des relations avec Genetto, l'homosexuel le plus connu de Venise, et Bonfini répondit que non, car c'était un « cynède » trop public « et maître Paolo aime faire les choses en secret[48] ».

À propos de Micanzio, Giovan Francesco Graziani dit bien le connaître parce qu'il a été trois ans avec lui à Bologne quand il était régent et il sait qu'il « ne marchait pas d'un bon pas vers la religion[49] ». C'était un

41 *Ibid.*, f. 20v.
42 *Ibid.*, f. 21r.
43 *Ibidem.*
44 Sur frère Valentino, voir F. Micanzio, *Vita del padre Paolo*, *op. cit.*, p. 1362.
45 BLL, *Additional Manuscript* 6877, f. 21r.
46 *Ibid.*, f. 21v.
47 *Ibidem.*
48 *Ibid.*, f. 25v.
49 *Ibid.*, f. 22v.

homme d'esprit « mais il a été mal formé dans sa jeunesse par maître Paolo[50] ». Ainsi, par exemple, « j'ai entendu maître Fulgenzio dire que dans les Saintes Écritures il y avait des choses qui ne pouvaient pas exister et qu'il y avait beaucoup de contradictions inconciliables et indéfendables[51] ». Graziani explique ensuite comment Micanzio a obtenu la permission de se rendre à Venise. Au début de l'année 1606, il a demandé d'aller prêcher dans la lagune et, bien que la crise entre Rome et Venise soit déjà dans l'air, « le supérieur général [Filippo Ferrari] donna quand même licence à maître Fulgenzio d'aller prêcher cet été-là à Venise, mais c'était une couverture dont le but était de faire ce qu'il a finalement fait : écrire contre l'Église[52] ». Micanzio n'a pas non plus attendu l'été et il est parti immédiatement, en accord avec Sarpi. L'État était déjà sous le coup de l'Interdit mais les vingt-quatre jours nécessaires pour que l'excommunication prenne effet n'étaient pas encore passés et Micanzio avait déjà quitté Bologne pour Venise[53]. Après être retourné quinze jours à Bologne, Micanzio repart pour Venise en emportant avec lui une grande valise d'effets personnels : « frère Giulio l'a accompagné [...] et il est ensuite allé à Udine puis est revenu à Venise[54] ». Graziani attribue la responsabilité de ce départ de Micanzio au supérieur général Filippo Ferrari qui, étant donné la situation politique, aurait dû deviner ses objectifs mais le fait est que « le général était un très bon ami de maître Paolo et de maître Fulgenzio[55] ». Graziani se rend à son tour à Venise deux jours après l'attentat commis contre Sarpi le 5 octobre 1607 sur le pont de Santa Fosca et il finit par déjeuner avec Micanzio. L'attentat arrive dans la conversation et Micanzio l'aurait commenté en déclarant qu'il savait que « dans cet événement les papes, les cardinaux et les nonces ont mis leur grain de sel : de pape il n'y en a qu'un, je sais

50 *Ibid.*, f. 22r.

51 *Ibid.*, f. 25r.

52 Sur ce point, voir B. Ulianich, « Paolo Sarpi, il generale Ferrari e l'ordine dei serviti durante le controversie veneto-pontificie », art. cité, p. 583-655.

53 Sur les déplacements de Micanzio, voir Branchesi, Pacifico M., « Gli "studia" delle provincie romane dell'ordine dei Servi di Maria negli anni 1597-1601 e il loro contesto legislativo », *Studi storici dell'ordine dei Servi di Maria*, vol. 23, 1973, p. 166-199. Micanzio dut en effet partir pour Venise début mai car, le 29 avril, il était encore à Bologne : *cf.* Archivio Generale dell'Ordine dei Servi di Maria (désormais AGOSM), *Registrum provinciae romanae 1577-1628*, 47, f. 25rv.

54 BLL, *Additional Manuscript 6877*, f. 27r.

55 *Ibid.*, f. 24r.

qui il est[56] » puis que « dans moins de vingt ans, les papes [...] n'auront plus rien à faire dans cette ville[57] ». À Bologne, Micanzio fréquente deux beaux garçons dont le plus jeune est son cynède ; puis à Venise, il est avec un jeune homme « beau et très porté sur ce vice honteux[58] ».

Après un chapitre sur la vie et les mœurs d'Antonio Bonfini, il y a un chapitre sur la vie et les mœurs de la noblesse de Venise. Graziani doit sa connaissance des mœurs de l'aristocratie vénitienne à son séjour « dans la prison-forteresse des Chefs », les Prigioni Nuove ou certaines de leurs annexes, où séjournaient des nobles. Suivent des platitudes et des ragots sur le langage libre et grossier utilisé par les patriciens emprisonnés, sur les prostituées et leurs commentaires sur les papes et les cardinaux qui ne croient en rien. Certains patriciens du continent affirment qu'à Venise on commence à vivre « à la manière des calvinistes[59] ». Graziani reçoit en prison la visite de Giulio Contarini qui l'interroge sur Antonio Bonfini et sur ses projets de vol et de meurtre : il répond en attribuant la responsabilité de l'attentat à Bonfini. Contarini alors « m'a demandé sur ordre de qui je cherchais à obtenir ces écrits et à cela je n'ai rien répondu d'autre. Contarini ajouta que c'était sur ordre du cardinal Borghese, et nous en sommes restés là[60] ». Graziani insiste sur la fracture entre la ville dominante et les territoires dominés, sur la soumission de ces derniers au patriciat de la dominante et sur les attitudes différentes du patriciat véronais et padouan vis-à-vis de l'Église et de Sarpi. Si ce dernier était jugé par Vérone ou Padoue, il aurait déjà été lapidé[61].

56 *Ibid.*, f. 24v.
57 *Ibid.*, f. 24v.
58 *Ibid.*, f. 25r.
59 *Ibid.*, f. 31v.
60 *Ibid.*, f. 34v.
61 *Ibid.*, f. 34v-35v.

RECOUPEMENTS DU RÉCIT

Telle est la synthèse du mémoire adressé par le frère Giovan Francesco Graziani à Paul V. Pour évaluer la fiabilité des informations qu'il contient, il faut le diviser en deux parties : d'abord le récit de l'attentat contre Sarpi et du procès qui a suivi, ensuite les informations sur Micanzio et lui. Commençons par le récit que fait Graziani de la tentative de meurtre et du procès. Cette première partie du mémoire peut être comparée à deux autres sources : au récit du même événement fait par Micanzio dans la *Vita del padre Paolo* et aux notes sur le procès des registres du Conseil des Dix. Dans la *Vita del padre Paolo*, parue à Leyde en 1646, Micanzio raconte la même intrigue depuis sa perspective personnelle. Au couvent vénitien des Servites de Marie, Sarpi et lui remarquent les contacts fréquents et secrets entre Bonfini et Graziani, ce qui éveille leurs soupçons, confirmés ensuite par l'interception d'une lettre envoyée par le second au premier. À la lecture de la lettre, ils invitent Bonfini à interrompre ses contacts avec Graziani, sans succès. Ils prennent finalement connaissance de toute l'affaire lorsque le frère Graziani, à l'issue d'un nouvel entretien avec Bonfini dans la sacristie de l'église vénitienne Santa Maria dei Servi,

> [...] sortit de sa besace un emballage en papier buvard, contenant de la cire pour prendre des empreintes de clefs. Chauffée par sa chaleur corporelle, la cire entraîna hors du sac un paquet de lettres et céda sous leur poids, les faisant tomber à terre, ce dont personne ne s'aperçut. Frère Antonio pris la cire et rentra au couvent, l'autre s'en alla de son côté. Frère Valentino de Venise, qui est toujours sacristain aujourd'hui, ramassa les lettres au sol et les apporta immédiatement au père supérieur Fulgenzio. En les lisant, il s'aperçut qu'il y avait des mots codés et quelque grand complot là-dessous[62].

Sarpi et Micanzio ont donc examiné les lettres, en ont compris le sens et ont dénoncé Graziani pour qu'il soit arrêté. Dans son récit, Micanzio expose ce qu'il sait, ou prétend savoir, sur le procès contre Graziani, sans jamais évoquer le rôle joué par Bonfini ni son procès : il le dit « plus simplet que méchant » et il rapporte que, interrogé sur

62 F. Micanzio, *Vita del padre Paolo*, *op. cit.*, p. 1362.

ses rapports avec Graziani, il a répondu naïvement qu'il le fréquentait « pour lui soutirer un bon paquet d'argent[63] ». Il relate cependant que le Conseil des Dix a donné à Graziani le choix entre la mort par pendaison et un an d'emprisonnement s'il collaborait. Graziani choisit alors la collaboration et indique aux Dix l'emplacement d'autres lettres qui, une fois retrouvées, ont permis de faire toute la lumière sur le complot[64].

Voilà pour Micanzio. La description de la manière dont s'est déroulée la découverte du paquet de lettres par les pro-Sarpi peut paraître peu crédible : peut-être la découverte des lettres n'est-elle pas venue d'une chute involontaire de la poche de Graziani mais d'une fouille ou d'un interrogatoire, ou encore de la collaboration de Bonfini. Micanzio cache ici quelque chose mais c'est un détail secondaire. L'omission du procès contre Bonfini est plus significative, car elle passe sous silence des éléments plus substantiels : peut-être les lourdes responsabilités du secrétaire de Sarpi, peut-être sa collaboration finale avec les pro-Sarpi et donc sa double trahison, d'abord de Sarpi et ensuite de Graziani, ou peut-être même la sentence humiliante qu'il a reçue. Le détail concernant la collaboration finale de Graziani avec les autorités vénitiennes est quant à lui confirmé par le registre criminel du Conseil des Dix. Selon ce qui est consigné dans ce registre, le premier à être jugé fut Graziani qui commence par garder le silence, comme il le rapporte à Paul V. Agacé par l'attitude de l'accusé, le Conseil des Dix, après avoir expulsé des soutiens du pape, décrète le 16 mars 1609 :

> Dans trois jours, qu'on lui inflige la noyade ordinaire, en le maintenant sous l'eau jusqu'à ce qu'il soit noyé. Mais si, d'ici trois jours, il dit et confesse tous les détails de la machination à l'encontre du père supérieur Paolo des Servites et nous en décrit le détail des personnes, des temps, de la manière et ainsi de suite, alors ce Conseil reconnaît aux deux tiers des voix qu'il aura mérité qu'on lui épargne la peine de mort. Qu'on l'enferme alors dans une prison éclairée au-delà du canal pendant une année entière, à l'issue de laquelle il sera conduit aux frontières de l'État et restera définitivement banni de la ville de Venise et du territoire des doges et de toutes les autres villes, terres et lieux de notre domination, de nos flottes militaires et civiles[65].

63 *Ibidem*.

64 *Ibid.*, p. 1364.

65 Archivio di Stato di Venezia (désormais ASVen), *Consiglio dei Dieci*, Criminali, *Registro*, 26, 1609, f. 59rv.

Au terme des trois jours accordés à Graziani pour collaborer, le Conseil des Dix prend acte le 20 mars que « au vu des choses dites et lues à ce Conseil à propos des déclarations de frère Giovan Francesco Graziani bachelier de Pérouse de l'ordre des Servites, on déclare que Giovan Francesco Graziani a mérité de bénéficier de la sentence alternative prononcée contre lui[66] » et le condamne par conséquent à un an de prison :

> Mais que la présente délibération soit tenue secrète, sans en informer le dit Giovan Francesco ni personne d'autre pendant huit jours ; et que le frère Antonio de Viterbe de l'Ordre des Servites soit livré à nos inquisiteurs d'État avec l'accusation d'avoir été auteur et complice de la machination visant à tuer le père supérieur Paolo par le poison ou d'une autre manière et avec les autres accusations contenues dans le procès dont il a été fait lecture. Ils doivent s'assurer de sa personne jusqu'à ce que ce Conseil puisse délibérer sur ce qu'il convient de faire[67].

Les Dix ont donc tenue secrète pendant huit jours la remise de peine, afin de s'assurer que deux jours plus tard Bonfini soit arrêté[68]. Le 27 mars, le même Conseil des Dix intime à Bonfini de préparer sa défense et discute de la possibilité d'une confrontation entre les deux religieux[69]. Le 22 avril, le Conseil des Dix donne mandat aux inquisiteurs d'État de poursuivre Bonfini[70]. Le 4 mai, en séance commune, les inquisiteurs d'État Andrea Contarini et Giacomo Corner, les membres du Collège ordinaire Costantino Rhenier, Cristoforo Valier, Z. Maria Boldi, et les membres extraordinaires Andrea Manetto, Nicolò Bragadin et Zuanne Basadonna « veulent qu'il soit enfermé pendant deux années de suite dans une des prisons au-delà du canal fermé ». En cas d'évasion, le prisonnier sera banni à perpétuité et « une fois les deux ans de prison écoulés, qu'il soit considéré comme banni à perpétuité[71] ».

---

66 *Ibid.*, f. 60r.

67 *Ibid.*, f. 60rv.

68 *Ibid.*, f. 60v : le 23 mars le Conseil des Dix délibère pour « confirmer la détention de frère Antonio Bonfini de Viterbe de l'ordre des Servites détenu par les inquisiteurs d'État, conformément à la délibération de ce Conseil des Vingt et qu'il soit remis au inquisiteurs cités et à l'*Avogador* Foscarini ».

69 *Ibid.*, f. 61r.

70 *Ibid.*, f. 66v. En 1797 le procès instruit par les inquisiteurs d'État existait toujours, voir l'introduction de C. Pin, à P. Sarpi, *Consulti*, *op. cit.*, vol. 1, p. 85.

71 *Ibid.*, f. 71rv.

Malgré leur brièveté, ces notes des Dix sur les deux procès contre Graziani et Bonfini nous permettent d'identifier certaines des déformations commises par Graziani dans son mémoire et leurs justifications. Dans son exposé, Graziani parle d'interrogatoires et d'une confrontation avec Bonfini menés par les inquisiteurs d'État, alors que son procès a été instruit directement par le Conseil des Dix qui, après avoir prononcé la sentence, a délégué aux inquisiteurs d'État l'enquête et les interrogatoires de Bonfini en se réservant, y compris dans ce cas, les décisions les plus importantes. C'est ensuite au cours de ce second procès qu'a lieu la confrontation. Cela signifie que, dans son rapport à Paul V, Graziani omet les faits relatifs à son procès pour une raison simple : parce qu'il a choisi de collaborer avec les autorités vénitiennes. Micanzio, en 1646, compte le détail de la collaboration finale de Graziani parmi « les choses qui sont venues à la connaissance du public[72] » et il est donc légitime de supposer que Rome a aussi reçu ces informations ; mais même si la curie n'en a pas connaissance, le fait que Graziani ait été capturé, interrogé et qu'il ait ensuite été condamné à une peine légère le rendait suspect et l'exposait à la critique. À sa sortie de prison, c'était donc un homme qui devait retrouver sa crédibilité auprès de Paul V et de son cardinal-neveu. La première partie du mémoire tend donc à minimiser sa responsabilité dans l'attentat, à rejeter toute la charge sur Bonfini pour assurer à Paul V qu'aucune imprudence n'a été commise : la correspondance avec Bernardo Rocci tombée entre les mains du Conseil des Dix – Graziani écrit, improprement, des inquisiteurs d'État – ne contient en effet pas l'ordre de tuer et lui, Graziani, n'a jamais mentionné le nom du pape ou de son neveu. Ces noms ont été cités par Antonio Bonfini mais lui, Graziani, a vigoureusement nié en l'exhortant à ne pas salir l'honneur de personnalités aussi éminentes. Graziani raconte ensuite à Paul V qu'il a été envoyé à Venise avec pour mission d'obtenir des informations sur Sarpi, par désir de mieux le connaître, et qu'il a approché Bonfini. Lorsqu'il lui demande de copier les écrits de son maître, celui-ci aurait non seulement accepté mais il aurait même proposé de le tuer. Afin de minimiser encore plus son rôle et de charger Bonfini qui l'a dénoncé après avoir été découvert, Graziani affirme n'avoir même pas écrit personnellement à Rocci pour recevoir des instructions, mais

72 F. Micanzio, *Vita del padre Paolo*, *op. cit.*, p. 1363.

qu'il l'a fait faire à Bonfini. Graziani n'aurait donc rien fait d'autre que de mettre Bonfini en communication avec l'agent de Scipione Borghese mais, afin de minimiser aussi la responsabilité de ce dernier, il affirme que le cardinal-neveu, confronté à la question de l'assassinat, a transmis le dossier au cardinal Lanfranco Margotti. Par conséquent, et en dernière analyse, tant Graziani que Scipione Borghese semblent avoir une responsabilité marginale dans la tentative de meurtre, contrairement à Antonio Bonfini, principal coupable.

Impossible de dire ou même de supposer ce qu'il s'est passé entre Graziani et Bonfini, en l'absence d'autres documents que la version intéressée de Graziani et la version plus tardive de Micanzio, qui n'est pas non plus entièrement fiable. Ce qui apparaît clairement, c'est que le schéma des responsabilités tracé par Graziani semble improbable. Il est en effet peu probable que ce soit Bonfini, le secrétaire bien-aimé de Sarpi, qui ait proposé le meurtre, alors qu'il est plus logique de penser qu'il a pu être séduit par la grosse somme d'argent proposée par Graziani[73]. Tout aussi improbable est le fait que Scipione Borghese, après avoir été à l'origine de la mission de Graziani, ait laissé finalement Margotti prendre les décisions fondamentales. Le déroulement de l'affaire a certainement dû être plus linéaire : soit que Graziani soit parti pour Venise avec la mission de tuer, soit qu'il soit parti pour espionner et que l'idée de tuer soit apparue plus tard, en tant qu'agent de Scipione Borghese, Graziani travaille sous son mandat et ne prend aucune initiative sans en avoir reçu l'autorisation par l'intermédiaire du frère Bernardo Rocci. Scipione Borghese est donc l'instigateur, Rocci est l'agent de liaison et Graziani est l'exécutant qui convainc ainsi Bonfini de collaborer grâce à une somme d'argent en partie payée d'avance. Face à l'alternative entre mourir ou parler, Graziani a parlé, a nommé les donneurs d'ordre et donc, selon toute probabilité, Scipione Borghese. Le fait qu'il se justifie pourtant auprès de Paul V et qu'il rejette sur Bonfini la responsabilité d'avoir mentionné le pape indique que son nom avait dû émerger, peut-être du fait de Graziani lui-même. Bonfini, le secrétaire-amant de Sarpi, s'est laissé corrompre et, comme l'écrit plus tard Micanzio, il est allé jusqu'à collaborer à la réalisation d'une empreinte en cire de la clé de la cellule de Sarpi, dans l'idée d'y introduire des assassins. La solution

73 F. Micanzio, *Vita del padre Paolo*, *op. cit.*, p. 1362, mentionne 12 000 *scudi* promis et 900 effectivement versés.

initiale du poison s'étant révélée impraticable en raison de l'anorexie de la victime, avec l'accord de Rome on a alors opté pour le moulage de la clé de sa cellule. C'est ce que Bonfini était en train de planifier lorsque des lettres de Graziani sont tombées entre les mains de Micanzio et ont révélé le complot. Bonfini dénonce alors Graziani, ce qui permet sa capture, et ce dernier, à son tour, se défausse sur lui. La partie qui décrit les agissements de Sarpi et Micanzio est quant à elle dépourvue d'un intérêt personnel qui justifierait de la falsifier.

LES DOSSIERS CONTRE SARPI ET MICANZIO

Graziani a été arrêté en mars 1609 puis il est resté en prison vraisemblablement jusqu'en mars de l'année suivante. Pendant ce temps, le séjour à Rome de Fulgenzio Manfredi, qu'il présentait comme un exemple de réconciliation heureuse avec le Saint-Siège, prend un tour tragique. Le 6 février 1610, le franciscain est emprisonné à Tor di Nona par le cardinal vicaire pour avoir « médit sur le pape et d'autres personnes » et une perquisition à son domicile met au jour de nombreux livres interdits ainsi qu'une correspondance avec l'Angleterre visant à organiser une évasion vers ce pays où, affirme-t-il, on vit « en toute liberté de conscience ». Reconnu comme relaps, Manfredi est condamné à mort et exécuté le 5 juillet 1610[74]. L'inquisiteur de Venise, Giovanni Vignucci, commente l'événement le 17 juillet, en écrivant à Rome : « la nouvelle du châtiment mérité du frère Fulgenzio a fait beaucoup réfléchir et sera très utile pour discréditer les doctrines qu'il a prêchées ici[75] ».

Les mises en cause qui ressortent des témoignages recueillis contre Sarpi et Micanzio ont été classées dans deux dossiers distincts : les charges contre Sarpi ont été placées dans un mince dossier *Contra fratrem Paulum de Venetiis servitam* qui s'ouvre sur les charges tirées de la déposition de Luigi Valeriani[76] ; les dépositions et censures contre Micanzio sont

74 R. Zago, entrée « Fulgenzio Manfredi », *DBI*, vol. 68, 2007, p. 683-686.

75 AAVat, *Borghese*, I, 26, f. 225r.

76 AAVat, *Borghese*, I, 26, f. 305-308. Le fascicule, beaucoup moins épais que celui contre Micanzio, porte au verso une inscription différente de celle du début : *Contra fratrem*

rassemblées dans un dossier plus épais, *Contra fratrem Fulgentium de Brixia ordinis Servorum*, dont Scipione Borghese avait un résumé organisé, comme d'habitude, par chefs d'accusation. Ce sommaire permet de déduire que le dossier comptait au moins 237 feuillets et que la déposition de Valeriani occupait aussi le feuillet 7, soit l'une des premières pages. Ces deux dossiers ne contiennent pas d'informations tirées du rapport de Graziani, d'abord parce qu'ils ont sans doute été rassemblés avant son retour à Rome mais aussi parce que si Paul V a jamais lu son récit, il ne l'a pas versé au dossier d'instruction de l'Inquisition. Le 10 juillet, Scipione Borghese envoie à Gessi le dossier des preuves accumulées contre Sarpi, contenant également les dépositions de Valeriani, « puisque Notre Seigneur souhaite que vous examiniez l'ensemble et donniez votre avis sur l'opportunité et les chances de réussite des poursuites à son encontre par le Saint-Office, car il y a largement de quoi faire sans toucher aux questions de l'Interdit[77] ». Borghese a donc appris de l'erreur commise lorsqu'il avait cité les théologiens vénitiens à comparaître devant le Saint-Office à Rome pour leurs écrits en défense de Venise : il a bien compris que le recours au tribunal de la foi pour une dispute juridictionnelle peut susciter des soupçons de partialité. Gessi répond le 17 juillet que les accusés sont certes impies mais qu'un procès serait dangereux car il se ferait par contumace et que s'ils étaient « condamnés et brûlés en effigie », les Vénitiens les maintiendraient à leur poste en invoquant « un lieu sûr et des juges au-dessus de tout soupçon ». Le 31 juillet, Gessi revient plus longuement sur le sujet. Bien que le pape veuille faire avancer le procès contre Sarpi et Marsilio, il fait valoir ses doutes « sur l'exécution de la sentence ». En-dehors de la question du procès, il discute du consentement de Venise, qui ne serait pas au rendez-vous : « le frère Paolo est tenu en si haute estime, non seulement pour sa valeur mais aussi pour sa bonté, que c'en est étonnant. Beaucoup le louent et l'admirent au point de dire que c'est un saint, puisqu'il ne veut apparemment pas d'argent ni d'autres choses semblables[78] ». Afin de mesurer l'opinion de la ville, il serait donc plus approprié de proposer le cas de Giovanni Marsilio afin d'évaluer la réaction que pourraient

---

Paulum venetum et fratrem Fulgentium servitam. Ceci trahit peut-être le caractère non officiel du fascicule.

77 P. Savio, « Per l'epistolario di Paolo Sarpi », *Aevum*, X, 1936, p. 54-57.

78 AAVat, *Borghese*, I, 26, f. 408r.

susciter les autres. Gessi ajoute aussi qu'il considère la situation politique défavorable et qu'elle le resterait tant que Nicolò Contarini et Francesco Priuli seraient au Sénat.

Comme on l'a vu, Gessi avait adopté une attitude différente l'année précédente, en encourageant le procès de Sarpi et Marsilio. Cette prudence nouvelle de la part du nonce a peut-être fait suite à l'attentat raté de mars 1609, suivi du procès de Graziani. Même sans en connaître les détails, Gessi était bien conscient que l'arrestation et l'interrogatoire de l'agent de Scipione Borghese avaient dû susciter des dépositions compromettantes tant pour lui que pour les dirigeants romains ; il comprenait aussi que l'ensemble de l'affaire avait éveillé une forte irritation contre les dirigeants de la curie romaine et un courant de sympathie renouvelé vis-à-vis de Sarpi. Il en conclut donc que la situation ne permet pas d'insister davantage, d'autant que la tension politique entre Venise et Rome s'apaise petit à petit. Le 19 février 1611, Gessi annonce que Micanzio ne prêcherait pas pour le Carême suivant et, un peu moins d'un mois plus tard, il fait savoir que les prédicateurs fidèles à Rome, bien que soumis à la surveillance attentive de Gavril Seviros, Giovanni Marsilio et Fulgenzio Micanzio, ne seraient pas inquiétés pour leurs sermons, à l'exception du père capucin Fedele, destinataire d'une admonestation de la part des Dix[79]. Cette surveillance rapprochée est certes gênante, déclare Gessi, mais pas au point de générer un conflit[80].

BRITISH LIBRARY, *ADDITIONAL MANUSCRIPT* 6877

Faisons maintenant quelques observations sur le mémoire de Graziani. Puisqu'il a été adressé à Paul V, il devrait se trouver à Rome, dans le fonds Borghese des Archives apostoliques du Vatican ou à la Bibliothèque apostolique du Vatican : au lieu de quoi il est à Londres, à la British Library. Le manuscrit a été acheté par le British Museum en 1828, au sein d'un lot dénommé « *Collection of Letters and Papers, chiefly Originals,*

79 AAVat, *Nunziatura di Venezia*, 42, f. 43v.

80 *Ibid.*, f. 55r. ; voir Frajese, Vittorio, *Sarpi scettico. Stato e Chiesa a Venezia tra Cinque e Seicento*, Bologna, Il Mulino, 1994, p. 368.

lettered "Binda Papers", purchased of the Chevalier Binda in 1816[81] ». Né à Lucques en 1790, Giuseppe Binda est envoyé à Londres par Joachim Murat afin d'obtenir le soutien de la Grande-Bretagne à ses projets politiques. Après l'échec de Murat à établir sa propre monarchie en Italie méridionale, Binda reste en Angleterre comme bibliothécaire à Holland House, la résidence de Henry Richard Vassal Fox, troisième baron de Hollande, qu'il a rencontré des années auparavant à Florence. Au cours de ces années, Richard Vassal Fox a fait de Holland House le centre d'un important salon littéraire et Binda contribue à maintenir des relations avec les plus grands écrivains contemporains, comme le 16 septembre 1816 lorsqu'il va par deux fois chercher Ugo Foscolo pour renouer avec lui et l'inviter à la Holland House, recevant en retour une lettre amicale.

Ces maigres informations expliquent pourquoi et comment Giuseppe Binda pouvait collecter des manuscrits anciens, mais elles ne nous fournissent pas l'information la plus importante : avait-il obtenu ce document en Angleterre ou ailleurs ? De fait, nous connaissons mal les agissements de Graziani après sa libération de la prison vénitienne. Les registres de l'Ordre des Servites de Marie notent son baccalauréat, obtenu lors du chapitre de la province romaine célébré à Orvieto le 2 juillet 1604[82], et son magistère en théologie, obtenu entre le 10 et le 12 juin 1612 lors du chapitre général tenu à Rome[83]. Ils notent également que lors du chapitre de la province romaine qui s'est tenu à Pérouse le 22 avril 1619, le « pater magister Ioannes Franciscus Peruginus » a été nommé confesseur des religieuses de Santa Caterina di Portaria, près d'Acquasparta, en Ombrie, et que deux ans plus tard, le même *magister* a été élu prieur

81 BLL, *Catalogue of the Additional Manuscripts 6666-10018* achetés en 1828-1835 décrit brièvement les *Addional Manuscript* 6873-6877 comme « *A Collection of Letters and Papers, chiefly Originals, lettered "Binda Papers", purchased of the Chevalier Binda, in 1816, ed entrata tutta insieme in un lotto di cinque volumi* ».

82 AGOSM, *Registrum Provinciae romanae 1577-1628*, 161, *Acta in Capitulo Provinciae Romanae.* in Civitate Urbis Veteris celebrati, die 2 Iulii 1604, in Convento nostro Servorum. f. 99v : il est décrété que le nouveau bachelier doit réciter deux fois par mois l'oraison en latin en présence du régent et de tous les membres du *studio* ; voir aussi Branchesi, Pacifico M., « Paolo Sarpi prima della vita pubblica », *Ripensando Paolo Sarpi*, *op. cit.*, p. 45-73.

83 AGOSM, *Registro del priore generale Deodato Ducci da Sansepolcro*, *Reg. P. Gen. Flor.*, *50, f. 84r-89v :* le 10, les « points » de l'examen sont attribués ; le 12 l'issue du vote est communiquée (7 sur 9).

du petit couvent de Valentano dans la province de Viterbe[84]. Il semble donc qu'après sa libération de prison, Graziani soit retourné dans l'État pontifical et ait repris une vie normale au sein de l'ordre, terminant sa carrière dans de petits couvents provinciaux. L'hypothèse qui semble la plus probable, bien qu'incertaine, est donc que Graziani a effectivement remis son rapport à Paul V et que ce dernier l'a bien lu. À Rome, le mémoire a pu faire partie des documents transportés à Paris en 1810, pour ensuite échapper à la destruction ordonnée par le cardinal Ercole Consalvi entre 1816 et 1817[85]. Giuseppe Binda peut alors l'avoir acheté à Paris pendant son voyage vers Londres, ou bien directement là-bas, s'il faisait déjà partie du riche marché de documents issus du Saint-Office qui fleurissait dans ces années-là.

84 AGOSM, *Registrum provinciae Romanae 1577-1628*, 161, f. 158r (nommé confesseur des religieuses) ; f. 167r. (nommé prieur du couvent de Valentano) ; f. 174v, il est confirmé dans sa charge de prieur du couvent de Valentano à l'occasion de la réunion du chapitre le 2 mai 1622 au couvent de San Marcello.

85 Tedeschi, John A., *The Prosecution of Heresy. Collected Studies on the Inquisition in Early Modern Italy*, New York, Medieval and Renaissance Texts and Studies, 1991, p. 23-27.

UNE BATAILLE REMPORTÉE ?

Au-delà de la malveillance qu'ils trahissent, les propos de Graziani concernant l'homosexualité de Sarpi sont confirmés par la *Vita del padre Paolo* qui prend comparativement l'allure d'un texte rempli d'aveux, de contre-déductions et de piques adressées même aux amis de Micanzio. Dans le passage sur les jeunes années passées par son maître au séminaire, Micanzio évoque l'éloignement des autres novices qui l'appelaient « la mariée » :

> Chez les religieux servites (car même chez les religieux, surtout chez les jeunes, on n'est pas toujours surveillé, ni sur ses gardes), à l'apparition de frère Paolo, tous se tenaient bien, l'air grave, bannissaient la jovialité et les jeux, comme si sa seule présence les aiguillonnait à imiter son exemple, ce qui était d'une très grande efficacité ; et il y avait comme un refrain à son apparition : « Voici la mariée, changeons de sujet[1] ».

Après avoir offert au lecteur ce détail qui apparaît comme une confession mal dissimulée, dans une autre partie du texte Micanzio raconte les projets de meurtre ourdis par Graziani et Bonfini et il fournit au lecteur les informations suivantes :

> À cause de son prolapsus rectal, dont nous avons parlé plus haut, il lui était nécessaire de garder cette partie très propre : tous les huit jours il se lavait

---

1 F. Micanzio, *Vita del padre Paolo*, *op. cit.*, p. 1285 ; cette observation est de D. Wootton, *Paolo Sarpi*, *op. cit.*, p. 139. Giuseppe Trebbi a suggéré que le titre du poème de Milton, *Il penseroso*, ait été inspiré par la description de Sarpi contenue dans la *Vita del padre Paolo* (*ibid.*, p. 1277) d'un homme caractérisé par une « apparence toujours pensive et plus mélancolique que sérieuse, d'un silence presque continu ». La figure de la Mélancolie dépeinte comme « a pensive Nun, devout and pure » pourrait s'inspirer aussi de Sarpi, traduisant en anglais « pensive » l'italien « penseroso » et transposant au féminin l'identité monastique de Sarpi, à la suite du texte de Micanzio : voir G. Trebbi, Academia.edu/16295560/ *Milton, Paolo Sarpi and il penseroso.* Cette hypothèse séduisante doit cependant encore résoudre le problème des dates, dans la mesure où la rédaction du poème de Milton est généralement datée de 1631, tandis que la biographie de Micanzio est parue en 1646. Si elle était confirmée, cette hypothèse montrerait à quel point les lecteurs de la *Vita del padre Paolo* saisissaient la signification des détails de son contenu.

> et se faisait raser (pour accomplir cet office il ne voulut jamais ni barbiers ni laïcs) ; comme il ne pouvait pas se le faire lui-même, il fit appel pour cet acte de charité au frère qui lui était le plus familier et son confident, Antonio [Bonfini de Viterbe]. Celui-ci avait donc convenu avec Graziani qu'il lui donne un coup de rasoir lors de cette tâche, ce qui était plus sûr[2].

Soit que l'habitude décrite dans ces lignes soit bien réelle, soit qu'il s'agisse d'une manière de se couvrir, l'information publiée par Micanzio trahit une loi du talion marquée du sceau de la dérision. Le frère Fulgenzio ne se limite pourtant pas à admettre cela avec un semblant de malice envers son maître, mais il présente aussi des contre-déductions. Lorsqu'il décrit les relations entretenues par Scipione Borghese et Bernardo Rocci – l'agent de liaison avec Graziani – il note que :

> À l'époque où le cardinal Borghese étudiait à Pérouse, avant que son oncle ne soit pape, un certain frère Bernardo, servite pérugin, gagna ses grâces et son amitié ; pour avoir rendu certains services de jeunesse au cardinal qui n'était encore un jeune homme et n'abhorrait pas les goûts ordinaires de son âge, il en devint si proche qu'une fois cardinal, celui-ci le fit venir à Rome pour lui attribuer des titres et des récompenses. Que ce frère ait été actif ou passif, je n'en sais vraiment rien[3].

Après ces concessions, Micanzio met en cause ses adversaires romains. Le fait est que, malgré la virulence des informations transmises par Graziani, l'homosexualité était un sujet si délicat et sa pratique si répandue que même les instigateurs romains du meurtre ont fait preuve de prudence et n'ont d'ailleurs pas inclus cet élément dans les dossiers d'accusation montés contre les deux théologiens vénitiens[4].

Le témoignage de Graziani ne dépasse pas le contexte des couvents, mais Sarpi fréquentait aussi des lieux de réunions profanes comme le *ridotto Morosini*, la boutique des Zecchinelli à l'enseigne de la *Nave d'Oro*, le cercle Pinelli de Padoue et la librairie *Ai due Galli* de Roberto Meietti où il rencontrait des patriciens et des bourgeois de tout rang et qualité. Outre son amitié de jeunesse avec le secrétaire du cardinal Hercule Gonzague, Camillo Olivo, accusé à plusieurs reprises d'homosexualité par Pier Paolo Vergerio et par le chanoine de Mantoue Antonio Cerruti,

2 *Ibid.*, p. 1363.

3 F. Micanzio, *Vita del padre Paolo*, *op. cit.*, p. 1361.

4 Frajese, Vittorio, « Visti da Roma. Sarpi e Micanzio nel triennio filoprotestante (1606-1609) », *Nuova Rivista Storica*, CIII, janv-avr. 2019, p. 173-201.

Sarpi est l'ami de Giacomo Badoer, célèbre homosexuel parisien fils d'un marchand calviniste d'origine vénitienne qui, entre 1597 et 1599, étudie à Padoue et à Venise, où ils ont l'occasion de se rencontrer[5]. Le 30 mars 1609, dix jours après l'arrestation de Bonfini et trois après son inculpation, Sarpi écrit une lettre à Badoer, la seule qui nous soit connue entre eux. La lettre commence par une note médico-morale qui en fait une sorte de fragment d'un essai conservé chez les Donà dalle Rose et communément désigné sous le nom de *Pensieri medico-morali*[6] :

> La raison voudrait que Votre Seigneurie fasse en sorte ce printemps de recouvrer sa santé, vous y parviendrez en y travaillant patiemment. Il faut se convaincre que pour soigner l'intérieur, il faut travailler longtemps, avec l'âme en paix et en persévérant contre le mal. Un médicament qui pourrait avoir un tel effet en peu de temps dépasse les forces et guérit le mal en prenant la vie. Il me semble que Votre Seigneurie n'est pas trop encline à cette pratique : il faut pourtant s'y résoudre[7].

Sarpi dit à Badoer qu'il souffre d'un mal de « l'intérieur », une référence peut-être à ce que dans les *Pensieri medico-morali* il appelle un « mal de l'âme », qui ne peut être guéri que par une longue persévérance car un remède appliqué trop brusquement pourrait le tuer. Il ajoute que Badoer ne montre aucune intention de se soumettre à un tel traitement car guérir de ce mal ne l'intéresse pas, pourtant Sarpi insiste sur le fait

---

5 Pour son amitié avec Camillo Olivo, *cf.* F. Micanzio, *Vita del padre Paolo*, *op. cit.*, p. 1281 ; pour les accusations d'homosexualité contre Olivo voir G. Trebbi, entrée « Camillo Olivo », *DBI*, 2013, vol. 79, p. 268. Giacomo Badoer naît à Paris d'un marchand converti au calvinisme et ruiné à la suite du massacre de la Saint-Barthélemy qui dura pendant deux semaines. Entre 1597 et 1599, Giacomo étudie à Padoue et à Venise où il rencontre Sarpi et vers fin 1599 il se convertit au catholicisme au contact d'Henri IV, qui lui confie différentes missions diplomatiques. De 1607 à 1609 il rentre à Padoue et à Venise, où il croise de nouveau Sarpi et, en août 1609, il est envoyé à Clèves pour une mission auprès du comte de Neubourg. À partir de 1609, il tisse des relations étroites avec le nonce à Paris, Mgr Roberto Ubaldini, auquel il transmet des informations qu'il recueille des lettres de Sarpi. Sur ce personnage, voir D. Wootton, *Paolo Sarpi*, *op. cit.*, p. 128-131, 139 ; et B. Ulianich, entrée « Giacomo Badoer », *DBI*, 1963, vol. 5, p. 115-117, qui signale un rapport d'Ubaldini conservé dans AAVat, *Borghese*, 11, 48, f. 417.

6 La dénonciation de Francesco Graziani contre Antonio Bonfini date du 20 mars 1609. Le 27 mars les inquisiteurs d'État décidèrent de ne pas infliger la torture à Antonio Bonfini et d'épargner la peine de mort à Francesco Graziani en échange de sa collaboration. Le 4 mai la décision est prise de commuer la peine de mort contre frère Antonio en deux ans d'exil, voir D. Wootton, *Paolo Sarpi*, *op. cit.*, p. 174.

7 Sarpi, Paolo, *Lettere ai Gallicani*, édition critique par Boris Ulianich, Wiesbaden, Steiner Verlag, 1961, p. 179.

« [qu']il faut pourtant s'y résoudre ». Dans les *Pensieri medico-morali* qui, comme nous le verrons plus loin, est un écrit destiné à soigner les maux de l'âme, cette observation vient du constat « [qu'en cas de] maladie déclarée, ne t'attend pas à guérir en un instant au risque de l'exacerber ; elle suit son cours et elle a sa temporalité prédéfinie pour en arriver à sa phase critique[8] » ; et plus loin « ne souhaite pas de grands changements soudains dans l'âme [...] mais ne cesse pas pour autant jusqu'à ce que tout soit bien éradiqué[9] ». À la fin de sa lettre, Sarpi revient sur le sujet :

> Pour dire aussi à Votre Seigneurie quelque chose qui me concerne, avant de mettre un terme à cela, je me trouve si repus de la vie que je soutiens qu'il est temps de la quitter. J'ai complètement abandonné tout espoir et l'expérience a montré que c'est la seule chose qui permet de vivre, or ce vieux dicton est tout à fait vrai, « Iustus ex fide sua vivet ». L'espoir est le voile avec lequel les dieux cachent le bonheur qui réside dans la mort. Je voudrais bien savoir ce qu'il en est de Mgr Philippe de Neubourg et de ceux avec qui Votre Seigneurie se maintient en vie ; si vous voulez en savoir autant à mon sujet, je dois vous dire que ce n'est avec personne. Je me sens si seul que vivre plus longtemps me fait craindre de devenir mélancolique et de me changer donc en quelqu'un d'autre, et je fais miens les propos de Socrate pour lequel c'est une grande aventure que de quitter la vie à temps[10].

Ces mots empreints d'émotion sont à mettre en relation avec les événements de ces jours-là, c'est-à-dire avec le bouleversement suscité non seulement par la nouvelle tentative d'assassinat ourdie par Scipione Borghese, qui était prévisible voire inévitable dans le conflit en cours, mais surtout par la trahison de son bien-aimé. Sarpi a sauvé, ou a participé à sauver, la vie de son secrétaire mais il a subi un énorme choc qui a dû le pousser à se méfier de ses « cynèdes ». Le comportement d'Antonio Bonfini lui a montré que de telles relations pouvaient impliquer une charge émotionnelle susceptible d'exploser en une agressivité incontrôlable, ce qui a dû le convaincre de changer ses habitudes. Sarpi demande donc à Badoer qui sont ses compagnons et il l'informe que, pour sa part, il n'est accompagné de personne : il parle de sa vie privée, pas de sa vie publique, parce qu'il a commencé à « soigner » sa « maladie »,

---

8 Sarpi, Paolo, *Pensieri medico-morali*, in *id.*, *Pensieri naturali, metafisici e matematici*, édition critique commentée par Luisa Cozzi et Libero Sosio, Milano-Napoli, Ricciardi, 1996, p. 606-607.

9 *Ibid.*, p. 610.

10 P. Sarpi, *Lettere ai Gallicani*, *op. cit.*, p. 180.

comme il l'écrit au début de sa lettre, et la solitude éveille en lui un désir de mort. L'ironie de cette situation – et la leçon impitoyable que Sarpi aurait pu en tirer – réside dans le fait que Giacomo Badoer s'était converti au catholicisme quelques années plus tôt et avait entamé une collaboration avec le nonce à Paris, Roberto Ubaldini, à qui il transmettait les informations contenues dans les lettres de son ami[11]. Lui aussi trahissait donc Sarpi qui, en 1610, le recommanderait pourtant toujours en tant qu'homme « de valeur[12] ».

L'AMITIÉ HÉROÏQUE

Contrairement au thème de la religion, traité par Micanzio avec une très grande réticence voire, si besoin, en mentant éhontément, l'homosexualité apparaît assez frontalement dans la *Vita del padre Paolo*. C'est peut-être le signe d'une bataille en cours et d'une transformation des mœurs vénitiennes. L' « amitié héroïque » entre Marco Trevisan et Nicolò Barbarigo a commencé entre 1618 et 1619, dix ans après la trahison de Bonfini. Trevisan n'était pas marié, contrairement à Barbarigo qui avait une femme et cinq filles, ce qui ne l'empêcha pas d'accueillir Trevisan dans sa maison de Crosechieri, aux Fondamenta Nuove, de l'entretenir à ses frais, de payer ses dettes et d'établir un testament croisé faisant de lui son exécuteur testamentaire et premier héritier avec un legs « [de] six cents ducats de revenu par an[13] ». Dans le testament rédigé par Trevisan, où il laisse à Barbarigo le peu qu'il possède, il exprime la volonté d'être enterré aux côtés de son ami « et je lui recommande mon âme et le soin de faire enterrer mon corps dans la sépulture où sera le sien[14]. »

Parmi les promoteurs les plus remarquables de l'amitié vécue par Trevisan et Barbarigo figurent Paolo Sarpi, Fulgenzio Micanzio et Nicolò Contarini[15].

11 B. Ulianich, « Giacomo Badoer », art. cité, p. 116.

12 D. Wootton, *Paolo Sarpi*, *op. cit.*, p. 129.

13 Cozzi, Gaetano, « Una vicenda della Venezia barocca : Marco Trevisan e la sua "eroica amicizia" », *Bollettino dell'istituto di storia della società e dello stato veneziano*, II, 1960, p. 74.

14 *Ibid.*, p. 76.

15 *Ibid.*, p. 71.

Trevisan se présente à Sarpi vers 1613 et continue pendant des années à lui rendre des visites régulières au cours desquelles ils discutent de divers sujets et qui lui valent le commentaire suivant : « Ce *Trevisanetto* a un grand cœur [...] Dieu soit loué que j'aie trouvé quelqu'un qui ne me parle pas avec un masque » et il lui donne l'essai *De l'amitié* de Michel de Montaigne[16]. Ce « masque » mentionné par Sarpi a jusqu'ici été rapporté à ses idées religieuses, sur la base d'une lettre adressée à Jacques Gillot le 12 mai 1609, qui fait référence à cet aspect-là[17]. Il est toutefois peu probable que ce soit là l'objet de la sincérité de Trevisan, qui ne montre aucun signe de tendances hétérodoxes[18]. Il est plus probable que, dans son cas, le visage découvert concerne plus largement une attitude, des comportements et des sentiments. Cela implique que le masque de Sarpi ne concernait pas seulement la dissimulation, somme toute aisée, de la pensée mais plus largement l'attitude globale de la personne. Un autre partisan de cette « amitié héroïque » a été Fulgenzio Micanzio, qui figure également parmi les légataires du testament de Marco Trevisan, avec Zuanne Venier, Giovan Antonio Zen, Girolamo Venier, Pietro Contarini, Alfonso Antonini, Michel'Angelo Rota, Francesco Cortesi, Alvise Secchini, Antonio di Martini et Antonia Bes di Cividal de Belluno. Cette dernière, seule femme dans une liste d'hommes, reçoit la modeste somme de vingt ducats. Alvise Secchini était le propriétaire de la boutique de la *Nave d'Oro* qui était l'un des lieux de rencontre fréquentés par Sarpi. Alfonso Antonini avait fondé avec Vincenzo Giusti en 1606 l'*Accademia degli Sventati* et était en contact avec Sarpi[19].

Cette « amitié héroïque » a été célébrée par une longue série de portraits et d'écrits, qui ont dû avoir l'effet d'une campagne d'opinion en faveur des amitiés masculines et ont accompagné d'évidents changements dans la perception publique de ce crime[20]. Dans le livre de comptes tenu avec

---

16 F. Micanzio, *Vita del padre Paolo*, *op. cit.*, p. 1393.

17 Voir par exemple Villari, Rosario, *Elogio della dissimulazione. La lotta politica nel Seicento*, Bari, Laterza, 1987, p. 22.

18 P. Sarpi, *Lettere ai Gallicani*, *op. cit.*, p. 133 : « Ego eius ingenii sum ut, velut chamaleon a conversantibus mores sumam : verum quos ab occultis et tristibus haurio, invitus incordio, hilares et apertos, sponte et libens recipio. Personam coactus fero : licet in Italia nemo sine ea esse possit ».

19 L'information vient de Micanzio, qui rapporte qu'Antonini « concepito nella sua mente l'invenzioni di molti strumenti e macchine militari, volle passar a Venezia a conferir col padre i suoi pensieri e ricever il suo giudizio », *Vita del padre Paolo*, *op. cit.*, p. 1304.

20 Francesca Bottacin a observé que dans l'iconographie classique, la *dexterarum iunctio* était exclusivement utilisée pour représenter les époux, à la seule exception de l'effigie

grand soin par Tiberio Tinelli, on peut lire qu'il a reçu un acompte de Trevisan pour un de ses portraits, puis pour « deux grands portraits » de Barbarigo et Trevisan et enfin « deux portraits en buste, le sien et celui du très illustre seigneur Nicolò Barbarigo ». Dans ses *Meraviglie dell'Arte*, en revanche, Carlo Ridolfi parle d'un portrait de « Nicolò Barbarigo et Marco Trevisan héroïques, en pied, qui s'échangeaient une alliance » et ensuite d'un autre tableau de Barbarigo conservé par le cavalier Vincenzo Gussoni. Un tableau, aujourd'hui perdu, représentant les deux hommes a été envoyé à Londres et conservé à Hampton Court grâce à l'ambassadeur à Venise Isaac Wake, qui en remercie le Collège le 28 février 1628[21]. Sans entrer dans le débat sur l'attribution des images conservées et de toutes celles qui manquent, il est évident que l'estampe ovale conservée au musée Correr représente deux mains droites qui se serrent, mais sans le bras droit de Trevisan, qui a été effacé et remplacé par un drapé (fig. 1). L'étrange pouce qui dépasse de la main droite de Barbarigo est un vestige techniquement difficile à effacer et qui a été laissé avec la volonté ambiguë de le rattacher à la main gauche de Barbarigo qui entrelace son autre main. C'est la preuve évidente que ces deux mains droites serrées étaient perçues par les contemporains comme la marque d'une « alliance » matrimoniale, ce qui suscitait un scandale jugé digne de censure. La représentation des deux « amis héroïques » conservée par Riccardo Strassoldo à Gorizia, copie d'un original inconnu, vise à mettre en évidence l'entrelacement des deux mains droites, qu'elle dépeint comme une rencontre si délicate et gracieuse qu'elle ne laisse guère de doute sur sa signification. Le contraste du clair-obscur attire le regard sur un V formé par les deux têtes qui s'écartent, les deux mains gauches qui se rapprochent à mi-hauteur et les deux mains droites qui se mêlent en bas. Ces dernières sont toutes deux très soignées et féminines tandis que l'ongle du pouce de la main droite de Trevisan est laqué

---

de Marc-Aurèle et Lucius Verron qui étaient cependant des frères adoptifs associés au trône. Avec une grande prudence, Bottacin s'accorde donc avec Giuseppe Trebbi pour reconnaître comme homosexuelle la relation entre les deux amis héroïques : voir Bottacin, Francesca, « Marco Trevisan e Nicolò Barbarigo "amici eroi" nella ritrattistica veneta secentesca », *Studi veneziani*, n. s. LXII, 2011, p. 478-479 ; c'est aussi la thèse défendue par Trebbi, Giuseppe, « Il ritratto di Marco Trevisan e Nicolò Barbarigo donato a Riccardo di Strassoldo. Storia di un quadro », *Venezia non è da guerra. L'isontino, la società friulana e la Serenissima nella guerra di Gradisca (1615-1617)*, éd. M. Gaddi et A. Zannini, Udine, Forum, 2008, p. 187-205.

21 *Ibid.*, p. 475.

(fig. 2). Cela signifie que l'auteur de l'original dont est tirée la copie de Strassoldo a pris grand soin de communiquer au spectateur la nature des sentiments qui unissent les deux protagonistes. Le fait qu'une copie de l'image ait été envoyée à Londres montre l'écho européen de cette initiative et l'ampleur de sa réception.

La célébration de ces amis héroïques se prolonge par une longue série d'écrits. Ludovico Zuccolo publie en 1625 le petit traité *Della nobiltà comune et heroica* où il consacre deux chapitres au sujet, puis en 1629 il publie un ouvrage entièrement consacré aux deux amis héroïques : *Il secolo dell'oro rinascente nell'amicizia fra Nicolò Barbarigo e Marco Trevisano*, précédé d'une lettre de dédicace adressée par Francesco Pona à Nicolò Contarini, le plus important protecteur de l'affaire. La même année paraît le *Discorso dell'incomparabile et eroica amicitia degl'illustrissimi signori Nicolò Barbarigo e Marco Trevisano* du frère Agostino Superbi. Francesco Pona a d'abord publié un éloge de la patience dont ont fait preuve la femme et les filles de Barbarigo avec le *Panegirico scritto alle illustrissime e gloriose signore, la signora Cecilia Barbarigo e le signore Paolina, Angela, Chiara, Marietta, Daria, figliuole di tanta matrona* puis, en 1627, un recueil de vers composés par divers auteurs en l'honneur de l'*Amicitia incomparabile de [...] Signori Nicolò Barbarigo e Marco Trivisano [...] celebrata [...] da molti ingegni*. En 1627, un autre recueil de vers paraît anonymement, composé par divers auteurs dont Giovan Battista Basile, sous le titre *L'amicitia incomparabile degl'illustrissimi signori Nicolò Barbarigo e Marco Trevisan*, et un autre recueil de vers aurait été édité par le Romain Baldassar Griffi. En 1626, Giulio Strozzi publie un poème dédié aux deux héros, *Il Barbarigo ovvero l'amico sollevato*, et en 1628 Luigi Manzini publie *Gli amici eroi, favola tragicomica boschereccia*, tandis qu'en 1629 le prêtre séculier Alessandro Terzi consacre une comédie à ce thème : *Il trionfo dell'amicitia di Nicolo Barbarigo, e Marco Triuisano patrici vinitiani*. Ce thème est devenu une mode littéraire à laquelle certains ont participé peut-être ingénument, mais il est légitime de supposer que les proportions prises par cette célébration iconographique et littéraire ont eu l'effet d'une puissante campagne d'opinion en faveur des amitiés masculines, au point d'inciter Antonio Rocco, si c'est bien lui, à composer à son tour le dialogue philosophico-érotique *L'Alcibiade fanciullo a scola*, dont le manuscrit a été donné à Giovan Francesco Loredan vers 1630 et qu'il a publié anonymement une vingtaine d'années plus tard, avant janvier 1651.

FIG. 1 – Anonyme, Estampe représentant « l'amitié héroïque » entre Marco Trevisan et Nicolò Barbarigo conservée au musée Correr, à Venise. © Musei Civici di Venezia.

FIG. 2 – Copie d'un original perdu représentant « l'amitié héroïque » entre Marco Trevisan et Nicolò Barbarigo, ayant appartenu à Riccardo Strassoldo, aujourd'hui conservée dans la curie de l'archevêché de Gorizia.
© Arcidiocesi di Gorizia.

VENISE ET LE CONTEXTE ITALIEN

Ces initiatives ont porté leurs fruits. L'analyse du traitement réservé par les autorités vénitiennes au crime de sodomie montre qu'au cours du XVIIe siècle sa persécution s'est progressivement atténuée et que le tournant le plus marqué a eu lieu vers 1640, quelques années avant l'édition de la *Vita del padre Paolo*. Le contexte italien de l'époque est caractérisé par la présence d'une série de dispositions canoniques et civiles visant à faire de la sodomie un vice infâme et un « acte contre nature ». En 1179, c'est ainsi que la sodomie était qualifiée par le troisième Concile du Latran, qui a établi des peines consistant à dégrader les clercs à l'état laïc et à excommunier les laïcs. Le décret conciliaire est inclus dans les *Décrétales* de Grégoire IX et inscrit dans les lois civiles de Sienne en

1262, de Bologne en 1265 et de Florence où, en 1325, le *Statut* de la ville prévoit la castration pour les tenants du « vice infâme ». La répression se renforce aux XIVe-XVe siècles lorsque, dans diverses villes italiennes, des magistratures municipales spéciales sont institués à cette fin. En 1448, l'*Offitio sopra l'Onestà* est créé à Lucques, tandis qu'à Florence en 1432 sont institués les *Officiali di Notte*, une magistrature chargée de mener un combat systématique contre le « vice infâme », en enquêtant sur environ 400 personnes par an, pour un total de 17 000 accusés et 3 000 condamnés tout au long de sa période d'activité. À Venise, entre 1348 et 1418, la magistrature des *Signori di notte* mène une activité peu efficace mais qui connaît un saut qualitatif au début du siècle, lorsque le crime passe sous la juridiction de la plus puissante des magistratures vénitiennes, le Conseil des Dix, qui élit en son sein un *Collegium sodomitarum*, spécifiquement dédié à la répression de ce crime[22]. La peine encourue est la décapitation suivie d'un bûcher entre les deux colonnes de la place Saint-Marc. S'il fuit, le coupable est banni et une prime est offerte pour sa capture[23]. Au XVIe siècle, la peine encourue pour sodomie au sens large – homo et hétérosexuelle – reste la condamnation à mort « au civil, aussi bien pour l'actif que pour le passif, l'un et l'autre étant habituellement brûlés » comme le rappelle la *Prattica criminale* de Lorenzo Priori[24]. La peine de mort est infligée à tous les hommes de plus de vingt ans coupables de sodomie, active ou passive, même s'ils sont consentants. Pour les mineurs passifs, on prévoit le bannissement ou une peine de prison[25].

---

22 Ruggero, Guido, *The Boundaries of Eros. Sex Crime and Sexuality in Renaissance Venice*, New York-Oxford, Oxford University press, 1985, p. 127-150 ; trad. it. *I confini dell'Eros : crimini sessuali e sessualità nella Venezia del Rinascimento*, G. Covi (trad.), Venezia, Marsilio, 1988, surtout p. 210-215 ; Scaramella, Tommaso, *Un doge infame. Sodomia e nonconformismo sessuale a Venezia nel Settecento*, Venezia, Marsilio, 2021, p. 134 ; pour une contextualisation globale du phénomène, voir Goodich, Michael, *The Unmentionable Vice. Homosexuality in the Later Medieval Period*, Santa Barbara, Ross-Erikson Publishers, 1979, p. 23-51.

23 T. Scaramella, *Un doge infame, op. cit.*, p. 142.

24 Priori, Lorenzo, *Prattica criminale secondo il rito delle leggi della Serenissima Repubblica di Venezia*, in *L'amministrazione della giustizia penale nella Repubblica di Venezia (secoli XVI-XVIII)*, éd. G. Chiodi et C. Povolo, Cierre, Sommacampagna, 2004, vol. 1, p. 178 ; T. Scaramella, *Un doge infame, op. cit.*, p. 141.

25 T. Scaramella, *Un doge infame, op. cit.*, p. 142 ; Scarabello, Giovanni, « La pena del carcere. Aspetti della condizione carceraria a Venezia nei secoli XVI-XVIII : l'assistenza e l'associazionismo », *Stato, Società e Giustizia nella repubblica veneta (sec. XV-XVIII)*, éd. G. Cozzi, Roma, Jouvence, 1980, vol. 1, p. 317-376.

Le calvinisme a aussi activement participé au contrôle de l'homosexualité : Genève a connu 60 procès et 30 condamnations au bûcher en 125 ans. En Angleterre, la répression du « vice infâme » a commencé par une loi de 1533 qui condamnait les coupables à la pendaison. Le fort durcissement qu'a connu l'Espagne à la fin du XVe siècle a eu quant à lui d'importantes retombées sur la vie italienne au XVIe siècle. La première loi, publiée le 22 août 1497, définit la sodomie comme étant le pire des crimes, « destruidor de la orden natural » et l'associe aux crimes d'hérésie et de lèse-majesté. Indigne d'être même mentionné, ce crime est puni par le bûcher et la confiscation des biens. En 1487, Sixte IV renvoie ce cas devant les tribunaux de l'Inquisition mais, en 1509, le *Consejo de la Suprema Inquisicion* précise que cette compétence n'intervient que dans les cas de présence contextuelle d'idées hérétiques. C'est ainsi que se stabilise la tendance consistant à faire appel à l'Inquisition pour les cas où l'acte s'accompagne de discours destinés à en défendre la légalité : on s'assure ce faisant que le sujet n'a pas seulement commis le geste mais qu'il a plutôt exprimé une doctrine morale. En février 1527, Clément VII autorise l'Inquisition d'Aragon à traiter les cas de sodomie, ce qui va amplement occuper les tribunaux de ce royaume, avec un pic dans la seconde moitié du XVIe siècle[26]. Entre 1540 et 1700, plus de mille personnes ont été jugées par l'Inquisition aragonaise, avec une sévérité pourtant absente en Castille où, entre 1559 et 1648, seuls trois cas ont été jugés par le tribunal de la foi et 54 cas par les tribunaux laïcs[27]. À Rome, Paul IV change de cap une première fois en 1557, en étendant la juridiction de l'Inquisition romaine aux cas de sodomie, de blasphème et de simonie, cette orientation est renforcée par Pie V avec la bulle *Horrendum illud scelus* (1568) qui condamne les clercs coupables de sodomie à retourner à l'état laïc et à être remis au bras séculier. L'ensemble de ces mesures définit la compétence des tribunaux romains sur ce crime, qui dépend alors de trois instances : le Gouverneur, le Vicaire et le Saint-Office pour les aspects hérétiques. Les affaires traitées par le tribunal du Gouverneur, qui jugeait principalement des affaires liées à ce que l'on

26 Carrasco, Rafael, *Inquisición y repression sexual en Valencia. Historia de los sodomitas (1565-1785)*, Barcelona, Laertes, 1985, p. 11-12 ; Grassi, Umberto, *Sodoma. Persecuzioni, affetti, pratiche sociali (secoli V-XVIII)*, Roma, Carocci, 2019, p. 72-84.

27 Baldassarri, Marina, *Bande giovanili e « vizio nefando ». Violenza e sessualità nella Roma barocca*, Roma, Viella, p. 114.

appelle aujourd'hui la pédophilie et la violence contre les mineurs, ont été plus nombreuses dans les trente premières années du XVIIe siècle, puis ont commencé à diminuer. Entre 1600 et 1666, 115 procès ont eu lieu, dont 90 % pour la période 1600-1640, ce qui constitue un pic amorcé par le pontificat de Clément VIII, durant lequel le nombre de procès et de condamnations à mort augmente. La documentation conservée dans les Archives de la Congrégation pour la Doctrine de la Foi sous le titre *Poligamia, sodomia, stupro (1607-1765)*, encore incomplètement étudiée, concerne principalement l'État ecclésiastique avec quelques cas extra-étatiques liés aux villes de Vérone, Parme, Sienne, Naples, Turin et Crémone[28]. Comme ailleurs, l'Inquisition intervient dans les cas de sodomie « hérétique », c'est-à-dire accompagnée de discours et de « faux dogmes » consistant à soutenir la légitimité des rapports homosexuels[29].

La situation vénitienne étudiée par Gabriele Martini et Tommaso Scaramella semble donc anticiper celle du reste de l'Italie et de l'Espagne. Du point de vue législatif, la situation vénitienne au XVIIe siècle est en effet caractérisée par l'absence d'initiatives législatives visant à relancer la répression : la dernière « *parte* » visant à réaffirmer la punition de la sodomie est datée du 27 septembre 1589. En outre, au cours des XVe et XVIe siècles, la sodomie est constamment mentionnée parmi les accusations relevant de la compétence du Conseil des Dix, tandis que dans la première moitié du XVIIe siècle, cette mention disparaît : dans la « correction » du 25 septembre 1628, qui réaffirme les domaines de compétence du Conseil des Dix, ce cas de figure disparaît et ce silence se poursuit en 1667. En outre, à partir de 1647, le Conseil des Dix se met à rejeter les plaintes anonymes qui ne concernent pas la sûreté de l'État : dans le cas de la sodomie, il aurait fallu décider au cas par cas d'accepter ou pas les dénonciations non signées et, sur les six dénonciations anonymes effectivement reçues dans la seconde moitié du XVIIe siècle, aucune n'est acceptée comme affaire d'État. D'autre part, le 22 juin 1622, le même Conseil des Dix propose de recourir à une procédure simplifiée pour les affaires qui se sont accumulées au cours des dernières années. L'analyse de leur traitement judiciaire montre que

28 Cattaneo, Massimo, « "Vizio nefando" e Inquisizione romana », *Diversità e minoranze nel Settecento*, éd. M. Formica et A. Postigliola, Roma, Edizioni di Storia e Letteratura, 2006, p. 65-68.

29 *Ibid.*, p. 68.

l'activité répressive diminue au cours du XVIIe siècle et que, comme on l'a signalé auparavant, ce déclin apparaît clairement vers 1640[30]. À partir de ces données, Gabriele Martini déduit l'existence d'une atténuation progressive de la persécution de la sodomie par les pouvoirs publics vénitiens, tandis que Tommaso Scaramella note une diminution de moitié de la moyenne annuelle des cas poursuivis par les autorités publiques vénitiennes entre le XVIe et le XVIIe siècle. Ceci permet de situer le cas qui nous occupe, de la rédaction des *Pensieri medico-morali* au procès contre Graziani et Bonfini, en passant par l' « amitié héroïque » entre Trevisan et Barbarigo et la publication de la *Vita del padre Paolo*, dans le cadre d'une bataille, en partie remportée, pour la dépénalisation de l'homosexualité masculine[31].

30 Martini, Gabriele, *Il "vitio nefando" nella Venezia del Seicento. Aspetti sociali e repressione di giustizia*, Roma, Jouvence, 1988, p. 54-55 ; T. Scaramella, *Un doge infame*, *op. cit.*, p. 147.
31 *Ibid.*, p. 54.

NORME ET INDIVIDU

Conformément à ses idées, Sarpi a exposé sa pensée sous forme manuscrite et privée. L'un des essais qui composent ce corpus d'écrits est un court texte publié pour la première fois en 1969 sous le titre *Pensieri medico-morali*[1]. Le texte est anonyme et dépourvu de titre mais, dans la *Vita del padre Paolo*, Fulgenzio Micanzio le décrit précisément, en le replaçant dans le contexte du nouvel intérêt que l'auteur manifeste de 1598 à 1604 pour « ce genre d'étude entièrement tournée vers l'éradication des vices de l'âme, afin d'y planter et d'y cultiver la vertu[2] ». Micanzio ajoute que cet essai faisait partie d'un groupe « de petits livres qu'il [Sarpi] avait toujours sur lui, avec des sentences et des documents des Anciens les plus célèbres mais aussi de lui ; s'ils sont un jour triés et publiés, on y trouvera une collection de joyaux d'une valeur inestimable[3] ». Ce témoignage est important sans être déterminant, car les indications présentes dans la *Vita del padre Paolo* ne sont pas toujours fiables et les écrits privés ont dû faire l'objet de remaniements que Micanzio ignorait peut-être[4]. Les seuls indices

---

1 Ce texte a été publié pour la première fois dans l'édition des *Opere* de Paolo Sarpi de 1969 auprès de la maison d'édition Ricciardi par Luisa et Gaetano Cozzi sous le titre *Pensieri medico-morali* et il a été republié sous le même titre par Luisa Cozzi et Libero Sosio dans l'édition critique des écrits privés de 1995, il est depuis habituellement cité sous ce titre. Sarpi, Paolo, *Pensieri medico-morali*, in *id.*, *Pensieri naturali metafisici e matematici*, éd. critique et commentaire par Luisa Cozzi et Libero Sosio, Napoli, Ricciardi 1995, p. 603-633.

2 F. Micanzio, *Vita del padre Paolo*, *op. cit.*, p. 1323. Micanzio décrit « une médication de l'âme, pour laquelle on appliquerait les aphorismes écrits pour la santé et le soin du corps au soin et à la santé de l'âme, qu'il constitue apparemment statiquement et non par le mouvement, et dans l'indolence », ce qui est une description fidèle des *medico-morali*. Micanzio situe cet écrit pendant les six années de « calme » qui ont suivi les conflits vécus à l'intérieur de l'ordre et qui ont duré « environ six ans ». Plus loin, il écrit que « à la fin des six années en question, ou peu après, il y a eu deux occasions qui nous ont fait craindre la survenue d'une autre perturbation. Puisque, à la mort du général maître Gabriele [...] ». Or Gabriele Dardano meurt le 26 février 1604, ces six années de calme sont donc celles qui précèdent 1604.

3 *Ibidem*.

4 Pour la biographie rédigée par Micanzio, voir Guaragnella, Pasquale, « Fulgenzio Micanzio biografo di fra Paolo Sarpi », *Ripensando Paolo Sarpi*, *op. cit.*, p. 461-489.

permettant de dater ce texte sont les éventuelles références aux *Essais* de Montaigne, que Sarpi a certainement connus très précocement, dès les années 1590, ce qui correspond donc à la période indiquée par Micanzio[5].

LES *PENSIERI MEDICO-MORALI*
Une première approximation

L'essai *Pensieri medico-morali* présente en effet des spécificités qui le distinguent de tous les autres écrits de Sarpi, publics comme privés. Consacré aux maux de l'âme, il s'agit du seul texte écrit à la deuxième personne du singulier, au présent de l'indicatif ou de l'impératif, à la manière d'un discours adressé à une seule et unique personne. Ce texte prend la forme d'instructions données à quelqu'un, sur le modèle du *Manuel* d'Épictète ou des *Lettres à Lucilius* de Sénèque et, à la différence des autres écrits privés qui peuvent prendre une forme contractée, ambiguë, mais pas à proprement parler codée, il recourt à un chiffrage qui en empêche la compréhension. L'utilisation d'écritures codées pour protéger le secret des communications était courante à cette époque ; la *Vita del padre Paolo* contient d'ailleurs des exemples qui montrent la familiarité de Sarpi et Micanzio avec ce mode d'écriture et la rapidité avec laquelle ils étaient capables de le déchiffrer en utilisant une clé de lecture[6]. Celle-ci pouvait parfois être très simple et plutôt évidente, comme dans le cas des lettres de Graziani qu'ils ont interceptées, où les termes « père », « frères », « cousins » désignent le pape, les cardinaux ou les supérieurs de l'ordre et « quadragésimal » est l'objet du discours. Il s'agit pourtant bien d'un code qu'il est nécessaire de décrypter pour saisir le sens du texte.

Comme le note Micanzio, l'essai *Pensieri medico morali* est consacré aux maux de l'âme, parfois aussi appelés « vices », et à la manière d'y

5 Les probables références à Montaigne sont relevées par Luisa Cozzi dans l'appareil critique du texte ; pour la lecture que Sarpi fait de Montaigne, voir V. Frajese, *Sarpi scettico*, *op. cit.*, p. 63-69.

6 F. Micanzio, *Vita del padre Paolo*, *op. cit.*, p. 1317 et 1363 : « il devint de notoriété publique que, parmi tous ceux mentionnés par ce cryptage – père, frères et cousins – le déchiffrement avait révélé qu'hormis le général des Servites, tous étaient au moins cardinaux ».

remédier en partant de l'hypothèse que l'âme ne fait qu'un avec le corps et ne peut être soignée sans partir du corps lui-même : « l'âme fait partie de l'homme et elle partage avec lui ses opinions vaines et maladives, selon la disposition de l'ensemble ; l'âme ne peut donc être soignée si le tout ne l'est pas[7] ». L'essai commence par un commentaire de la *Lettre à Ménécée* qui s'engage immédiatement sur une autre voie[8], en effet le but visé par ce degré de bonheur auquel il est possible d'aspirer est « l'indolence [*indoglienza*] » comprise comme « la conservation de la constitution de notre composition ». L'équilibre de cette composition naturelle est connu de chaque individu et le mouvement qui le reconstitue est perçu comme une « volupté » tandis que tout mouvement perturbateur est perçu comme une douleur. L'opération selon la nature, « *kattaphisin* », consiste à « satisfaire les inclinations naturelles et rétablir la composition déréglée afin d'atteindre l'indolence, qui est l'issue de nos désirs, ce n'est cependant pas pour jouir de la volupté, bien qu'elle soit impliquée[9] ». C'est ainsi qu'il introduit le thème du plaisir qui accompagne la reconstitution d'un équilibre perturbé. Ce passage est important dans la mesure où il définit la différence entre les complexions « naturelles » et « maladives » ou « vicieuses » : les « inclinations naturelles » en effet « varient en chacun de nous selon que les compositions varient. Si celles que tu dois à ton tempérament sont facilement satisfaites par la force qui est en toi et les plaisirs que tu peux lui procurer,

7 P. Sarpi, *Pensieri medico-morali*, *op. cit.*, p. 607. Voici les passages dans lesquels Sarpi emploie le terme « vizio » : « *Alcuni mali non vogliono esser curati, perché si mettono in moto, altri per l'impossibilità del sanarli, come li vizi della conformazione, che non guariscono se non con la distruzzione di essa* », p. 604 ; « *per il che il medico dell'animo fa bisogno conosca tutti li vizi ai quali la natura umana è soggetta* », p. 606 ; « *bisogna distinguer li vizi che sono con piacere dell'animo, e quelli che sono con furore [...] et è bene saper che chi non conosce il suo vizio è in mal stato* », p. 609 ; « *et è proporre oggetti dove senza gran vizio, può sfogare l'affetto* », p. 609 ; « *nisi vitium imbecillitas prohibeat* », p. 610.

8 Diogène Laërce, *Vies et doctrines des philosophes illustres*, X, 128, où Épicure affirme que « Une théorie véridique des désirs sait rapporter les désirs et l'aversion à la santé du corps et à l'ataraxie de l'âme, puisque c'est là la fin d'une vie bienheureuse, et que toutes nos actions ont pour but d'éviter à la fois la souffrance et le trouble. Quand une fois nous y sommes parvenus, tous les orages de l'âme se dispersent, l'être vivant n'ayant plus alors à marcher vers quelque chose qu'il n'a pas, ni à rechercher autre chose qui puisse parfaire le bonheur de l'âme et du corps. Car nous recherchons le plaisir, seulement quand son absence nous cause une souffrance. Quand nous ne souffrons pas, nous n'avons plus que faire du plaisir. Et c'est pourquoi nous disons que le plaisir est le commencement et la fin d'une vie bienheureuse. »

9 P. Sarpi, *Pensieri medico morali*, *op. cit.*, p. 603.

dans ce cas en résistant bien à la nourriture, ton tempérament est sain, et si l'habitude ne t'a pas gâté, tu es toujours en bonne santé à l'heure actuelle[10] ». Si, au contraire, les penchants sont trop impétueux et que les plaisirs employés pour les satisfaire ne rétablissent pas la tranquillité de l'âme, alors « tu as une maladie naturelle qui empêche l'opération *kattaphisin*[11] ». Lorsque la tendance à la maladie vient de la complexion de l'individu, elle est incurable ; lorsqu'au contraire elle vient du fait de ne pas avoir suivi sa raison de vivre, cela peut alors être guéri par « médication » (*medicina*), sauf si l'habitude s'est ancrée au point de devenir une seconde nature :

> Si la volupté habituelle n'apaise pas l'inclination mais augmente le désir, c'est qu'elle n'était qu'apparente, comme c'est le cas de la faim compulsive des chiens qu'il vaut mieux ne pas satisfaire mais pour laquelle il faut plutôt chercher une médication qui atténue cette avidité sans l'assouvir. Les nourritures de celui qui a une mauvaise santé doivent avoir quelque chose de médicinal, elles doivent mêler volupté et douleur et alimenter la part saine en réprimant et en modifiant l'inclination vers la maladie. On tombe malade parce qu'une nourriture trop copieuse rend malade, tout comme la fréquentation immodérée de la volupté, ou bien la pratique athlétique, ne peut ni perdurer ni s'améliorer mais va au contraire nécessairement *in deterius*. Il en va de même du bonheur suprême, auquel il est bon d'appliquer une saignée, en supprimant soit une partie des instruments, soit leur utilisation, mais sans les supprimer totalement, parce que les évacuations *ad extremum* sont dangereuses[12].

Ces propos sont obscurs et certains mots sont cryptés, mais « la volupté habituelle » qui « n'apaise pas l'inclination, mais augmente le désir » et la volupté « immodérée » semblent concerner la sexualité plus que les autres types de plaisir, au même titre que le « bonheur suprême, auquel il est bon d'appliquer une saignée ». Le conseil sur la manière de gérer ses fantasmes présente aussi un caractère érotique évident :

> N'essaye pas, comme les dévots, d'empêcher les premiers fantasmes, car c'est impossible, mais du moment que ta résolution est ferme, contente-toi [...]. Ne tombe pas dans l'erreur commune selon laquelle toute abstinence est toujours bonne. Hippocrate disait trop exquisément : la nourriture exquise en ténuité est dangereuse car les erreurs qu'on y commet sont plus nuisibles. Au

10 *Ibid.*, p. 604.

11 *Ibidem.*

12 *Ibid.*, p. 611.

> contraire, modère ton appétit de plaisirs en fonction de ton âge, et ne t'oppose pas à tes appétits naturels, ce serait nager contre le courant. En effet lorsque les penchants naturels sont bridés, l'imagination crée en nous des fantaisies trois fois plus extravagantes : c'est pourquoi il est bon de faire connaître de bonne heure la vérité, ce qui n'est pas grand-chose[13].

Un peu plus loin, le discours prend la forme d'une considération morale :

> Surtout, fuis cette rigueur qu'on appelle vertu, parce que cette rectitude catonienne est un vice pestiféré. Elle sert de prétexte à l'ambition et à l'obstination, mais elle est par ailleurs impropre à la vie humaine. Celui qui marche dans la foule ne peut pas marcher droit [...] Ne perd pas de vue le précepte de Salomon « *noli esse multum iustus ne obstupescas* » de sorte que, selon Aristippe aussi, tu ne mépriseras pas « *furari et fornicari et sacrilegium facere* » car « *nihil horum turpe natura* », en ayant cependant bien conscience de l'opinion commune[14].

La structure de ce conseil correspond aux témoignages cités relatifs à son homophilie : dans le rapport « *de vita et moribus* » appartenant à Scipione Borghese, l'auteur rapportait que Sarpi était soupçonné par tous d'être homosexuel « mais en public et aux yeux de tous, personne ne semblait pouvoir rien lui reprocher » et Bonfini expliquait à Graziani qu'il ne fréquentait pas Genetto car « maître Paolo aime faire les choses en secret ». En l'occurrence, ce comportement est justifié par le conseil de ne pas craindre de transgresser une loi apparemment naturelle, tout en « ayant cependant bien conscience de l'opinion commune ». Ce conseil possède donc une signification juridique précise renvoyant au « scandale » et on peut supposer que la transgression évoquée est la même que celle décrite dans les délations des servites, ou du moins qu'elle s'en inspire. Sarpi était complètement désintéressé : il réclamait très peu d'argent qu'il laissait ensuite à un confrère le soin de gérer. L'injonction à ne pas être horrifié par le vol est donc plus scolastique que pratique et renvoie à une hyperbole destinée à embrasser ces deux autres cas et à exemplifier un concept : la loi commune peut être transgressée en privé si elle ne donne pas lieu à un scandale public. La précision concernant le sacrilège est quant à elle plus réaliste puisque le droit canonique considérait comme sacrilège une histoire d'amour avec un ecclésiastique, or toutes les relations dénoncées par Graziani étaient de ce genre-là[15].

13 *Ibid.*, p. 613-614.

14 *Ibid.*, p. 618.

15 G. Martini, *Il "vitio nefando" nella Venezia del Seicento*, *op. cit.*, p. 45.

Cependant, malgré ce que dit Micanzio, de tels propos ne pouvaient pas être publiés et n'étaient pas écrits pour l'être. Ils s'adressaient à un cercle restreint de personnes. Officiellement et pour le public, Sarpi était un frère de l'ordre des Servites de Marie et il devait prêcher la théologie morale enseignée par l'Église. Ces pages postulent pourtant que la morale est différente et considèrent la vérité de l'auteur et du lecteur, « à l'âme infirme », comme structurellement incommunicable à l'extérieur. C'est l'illustration de la règle universelle du masque : « à l'intérieur, vit et juge selon ta raison, à l'extérieur vit et parle selon l'opinion commune. Ne cherche jamais faire partager par tous ton opinion, car c'est impossible ; ne parle jamais légèrement contre l'opinion commune, mais garde "*verba tua in potestate*" [...] et si tu peux garder ainsi ton masque avec tout le monde, ne te soucie pas que quelqu'un voie ton visage[16] ». Pourtant cette règle est expressément appliquée à la communication avec les profanes : « Méfie-toi grandement de la conversation des débauchés qui s'attaquent aux mœurs ; et comme les vertus sont rares et les vices innombrables, la communication est plus nocive que bénéfique[17] ». La somme de ces deux prescriptions est de nature à définir un groupe fermé sur l'extérieur et gardien d'une vérité ésotérique que le lecteur, ou le groupe de lecteurs, devait partager. Ailleurs dans le texte, les fausses opinions sont mentionnées et il est écrit : « n'entreprend pas de t'attaquer à une mauvaise opinion profondément enracinée, surtout si elle est considérée comme nécessaire à la manière d'une superstition, ni à toi ni aux autres, "*cruda ne moveas* – dit le précepte – *nisi turgeant*", sauf si tu vois un mal irréparable, auquel cas il faut s'y attaquer, mieux vaut *conquoquere* en avant avec une bonne dogmatique qui montre la fausseté des principes[18] ». Il fait ici allusion à des croyances religieuses enracinées dans la société qu'il faudrait dissiper par une « bonne dogmatique », et la méfiance récurrente à l'égard de l'utilité de communiquer la vérité au public est ainsi étendue aux questions philosophiques et religieuses.

16 P. Sarpi, *Pensieri medico morali*, *op. cit.*, p. 626.

17 *Ibid.*, p. 624. Sur le rapport de Sarpi à la communication politique, voir De Vivo, Filippo, *Patrizi, informatori, barbieri. Politica e comunicazione a Venezia in età moderna*, Milano, Feltrinelli, 2012, p. 88-124 et 300-339 qui ne prend toutefois pas en compte la part ésotérique de la communication de Sarpi.

18 *Ibid.*, p. 607-608.

ALCIBIADE FANCIULLO A SCOLA

Pour pouvoir comparer et mieux comprendre ces concepts, il convient de considérer l'apologie de l'homosexualité la plus explicite qui ait été publiée à Venise dans ces années-là : *Alcibiade fanciullo a scola*, attribué à Antonio Rocco. Le texte de Sarpi et celui de Rocco sont très différents : les *Pensieri medico morali* sont philosophiques, *Alcibiade fanciullo* est traversé par une indéniable veine pornographique ; l'un est cryptique tandis que l'autre est très explicite ; les *Pensieri medico morali* sont un texte concentré et tourmenté, *Alcibiade fanciullo* est fluide et provocateur ; les *Pensieri medico morali* regorgent de citations grecques et latines, l'*Alcibiade fanciullo* est plus porté sur les expressions coprolaliques ; les *Pensieri medico morali* construisent une philosophie morale, l'*Alcibiade fanciullo* légitime le désir pédérastique. En outre, le « bien-aimé » de Sarpi, Antonio Bonfini, était un adulte alors que l'*Alcibiade fanciullo* fantasme des relations même avec des garçons de dix ans[19]. En bref, ces deux textes appartiennent à deux sphères qualitatives et stylistiques très éloignées, ce qui illustre de façon éloquente l'origine de la prééminence intellectuelle acquise par Sarpi sur la moitié laïque du patriciat vénitien au début du XVIIe siècle. Le dialogue d'Antonio Rocco, si c'est bien de lui qu'il s'agit, expose toutefois explicitement l'idéologie homosexuelle présente à Venise dans ces années-là, ce qui permet d'en faire un point de comparaison pour les contenus implicites du texte de Sarpi.

Dans *Alcibiade fanciullo a scola*, la doctrine homophile est qualifiée de « mystère » et est donc présentée comme une vérité réservée aux initiés[20]. L'interdiction publique des relations homosexuelles s'explique en effet par le fait que « ces joies célestes sont cachées sous un voile d'horreur par les hommes de jugement, pour se distinguer du petit peuple, pour ne pas les donner en quantité à tout le monde. Les choses précieuses sont prisées pour leur rareté, les choses sacrées sont vénérées parce qu'elles

19 Il faut bien entendu considérer que l'*Alcibiade fanciullo a scola* expose un fantasme et non des actes affectivement advenus, de plus il n'existe aucun indice qu'Antonio Rocco aurait mis en pratique ce qu'il décrit, même marginalement.

20 Rocco, Antonio, *L'Alcibiade fanciullo a scola*, éd. critique par Laura Coci, Roma, Salerno Editrice, 2003, p. 56 : « se l'intelletto vostro fosse capace de' misteri tanto importanti » ; p. 93 : « per scoprirvi un altro mistero ».

sont cachées[21] ». Le désir homophile est présenté ici comme une vérité réservée à une élite. Le pouvoir politique interdit en effet l'homophilie pour des raisons d'État :

> Le fait que les lois l'interdisent, comme on le dit pour les Athéniens, n'est pas mauvais en soi. Ils ajustent les lois à leurs propres intérêts et ne les soumettent pas à ce qui est juste ; cela est bien vu des femmes, pour ce qui les concerne, car cela empêche qu'elles soient négligées ou qu'elles disparaissent. Ils prennent donc le parti de ce qui est raisonnable, ce qui leur suffit à former des dogmes et des statuts, et ils semblent le faire au bénéfice des autres, en particulier de ceux qui sont incapables et soumis. C'est ainsi qu'ils ont établi des règles en fonction des intérêts de l'État et de la politique plutôt que de la raison et de l'inclination de la nature ; c'est en effet sur cette maudite raison d'État que sont fondées la plupart des lois humaines et religieuses, y compris certaines qui sont exécrables mais sont pourtant estimées vénérables et sacro-saintes par la foule insensée[22].

L'interdiction de l'amour homosexuel découle donc de la raison politique qui impose ce que nous appellerions aujourd'hui l'obligation de soutenir et d'accroître la démographie et, avec elle, la puissance de l'État. Rocco tient toutefois à préciser que toutes les politiques et raisons d'État n'imposent pas une telle loi car les mœurs varient :

> Les Scythes [doivent selon la loi] caresser tous les ennemis de leur foi ; le meurtre est un acte divin, les âmes séparées doivent avoir des bouches et des bites pour manger et forniquer comme des bêtes. Les Tartares considèrent qu'il est licite de coucher avec sa mère, ses sœurs, ses filles, ses frères et même avec les bêtes. Le faire entre mâles est autorisé par les lois des nations les plus civilisées, les Perses, les Mèdes, les Indiens et par les plus dignes de nos Grecs[23].

Dans le recueil d'aphorismes publié sous le nom de *Pensieri metafisici, matematici e naturali*, Sarpi insiste à son tour sur le caractère habituel, utilitaire et conventionnel des mœurs :

> Celui qui examinera toutes les morales, et qui verra combien elles varient en fonction des temps et des lieux, au point de se contredire, en conclura qu'elles ne sont rien de plus que des opinions, qui s'altèrent, naissent et meurent. S'il y en a donc une dans un lieu donné, et qu'un désordre s'élève contre elle au

21 *Ibid.*, p. 56.
22 *Ibid.*, p. 63.
23 *Ibid.*, p. 64.

> point de l'altérer, il ne lui est plus possible d'être acceptée, si ce n'est dans cet autre état[24].

Dans un autre aphorisme, dépourvu d'entrée en matière, il ajoute : « Ce n'est pas vrai qu'il y a du désordre ou de la confusion ; c'est plutôt un ordre véritable, parce qu'il n'est proportionné à aucun autre, qui lui semble être un désordre ; si pour certaines choses il est conforme et utile, il semble alors être merveilleusement ordonné. Les républiques, les bâtiments, la politique des Tartares et des Indiens sont bien autre chose[25] ». Il semble qu'ici Rocco explicite les conséquences de l'argumentation présentée par Sarpi dans ses écrits ésotériques, trahissant peut-être l'existence d'un débat interne à un groupe politico-intellectuel vénitien que leurs textes illustrent par fragments. La brillante transgression portée par la culture vénitienne dans ces années-là – celle de l'élite, bien sûr – a été illustrée par Edward Muir dans son analyse de l'*Incoronazione di Poppea*, mise en musique par Claudio Monteverdi pour le livret de Giovanni Francesco Busenello[26].

Alcibiade fanciullo remplace la norme de la « nature » conçue comme « loi naturelle » par une conception de la nature comme impulsion agissant dans chaque individu. À l'objection soulevée par le jeune Alcibiade selon laquelle le désir homosexuel serait contre-nature, le maître d'homosexualité répond en effet que « les œuvres auxquelles la nature nous rend enclins, qui lui doivent leur issue et leurs effets, sont naturelles. Si c'est un penchant naturel de voir de beaux jeunes gens tels que vous, [comment cela peut-il être] contre nature ? Et si la nature elle-même ne fait rien d'inutile ni de vain, elle ne commence pas sans aboutir : ayant placé dans les jeunes gens des beautés qui excitent l'amour et l'adoration dans les cœurs, elle [ne] doit pas laisser les amants suspendus dans les airs[27] ». Puis, à l'objection suivante d'Alcibiade concernant l'issue naturelle du désir hétérosexuel, le maître répond que « les appétits des hommes sont divers. »

Dans l'essai conservé dans le palais des Donà dalle Rose, Sarpi remplace lui aussi l'opération « selon la nature », soit selon la loi naturelle, par

---

24 *Ibid.*, p. 353.

25 *Ibid.*, p. 165-166.

26 Muir, Edward, *Guerre culturali. Libertinismo e religione alla fine del Rinascimento*, Roma-Bari, Laterza, 2008, voir en particulier p. 99-138.

27 A. Rocco, *L'Alcibiade fanciullo a scola*, *op. cit.*, p. 57.

un nouveau, ou très ancien, concept consistant à « satisfaire les inclinations naturelles et à rétablir la composition dissolue pour atteindre l'indolence, issue extrême de nos désirs ». Il élimine également de son horizon le concept de péché : il préfère poser la question en termes individuels et parler de complexion personnelle, de tranquillité de l'âme et de capacité de cette complexion à rétablir cette tranquillité. Son attitude à l'égard de l' « infirmité » se caractérise enfin par une compréhension profonde – car « celui qui ne connaît pas son vice est en mauvaise posture » – accompagnée d'un besoin de soigner le dérèglement de sa complexion[28].

DE L'AMITIÉ DE MONTAIGNE

Ce sont là quelques-uns des éléments constitutifs du débat oral qui a traversé l'élite vénitienne du début du XVIIe siècle, peut-être même au sein de l' « académie » de Sarpi, lieu de rencontre secret dont nous ne connaissons pas l'emplacement. On peut supposer que cela ait pu être à la librairie *Ai Due Galli* de l'imprimeur Roberto Meietti – que Giovanni Marsilio désigne comme étant le quartier général de Sarpi – ou dans la boutique des Zecchinelli, bénéficiaires d'un legs du testament de Trevisan[29].

Il existait aussi un autre discours public, que l'on retrouve dans le cadeau fait par Sarpi à Marco Trevisan lors de leurs conversations : *De l'amitié* de Michel de Montaigne. Cet essai traite de l'entente spirituelle absolue entre deux hommes, placée au-dessus des sentiments pouvant être nourris pour l'autre sexe. « D'y comparer l'affection envers les femmes, quoy qu'elle naisse de nostre choix, on ne peut : ny la loger en ce rolle » écrit Montaigne, car « en l'amitié, c'est une chaleur generale et universelle, temperée au demeurant et égale, une chaleur constante et rassize, toute douceur et pollissure, qui n'a rien d'aspre et de poignant.

28 P. Sarpi, *Pensieri medico-morali*, *op. cit.*, p. 609.

29 ASV, CX, *Parti segrete*, I, 29 [feuillets non numérotés] : déposition de Giovanni Marsilio du 5 juillet 1607 ; signalée dans F. De Vivo, *Patrizi, informatori, barbieri*, *op. cit.*, p. 221. Je considère qu'il s'agit de la localisation possible de l' « académie », qui n'est pas signalée, à notre connaissance, par Fulgenzio Micanzio dans la *Vita del padre Paolo*.

Qui plus est en l'amour ce n'est qu'un desir forcené après ce qui nous fuit[30] ». L'amitié masculine, selon *De l'amitié*, est une relation spirituelle qui n'exclut pas et ne concurrence pas la passion pour le sexe opposé, mais la dépasse parce qu'elle est de nature purement spirituelle : « Ainsi ces deux passions sont entrées chez moy en connoissance l'une de l'autre ; mais en comparaison jamais : la premiere maintenant sa route d'un vol hautain et superbe, et regardant desdaigneusement cette cy passer ses pointes bien loing au dessoubs d'elle[31] ». Le discours de Montaigne est donc clair – l'amitié masculine est au-dessus de la passion sensuelle suscitée par le genre féminin parce qu'elle est de nature intellectuelle – mais le type de relation masculine esquissé dans ces pages possède les caractéristiques attribuées par notre culture à l'amour : elle est en effet exclusive – « mais cette amitié, qui possede l'ame, et la regente en toute souveraineté, il est impossible qu'elle soit double[32] » – non réplicable et animée par un transport strictement individuel :

> En l'amitié dequoy je parle, elles [nos âmes] se meslent et confondent l'une en l'autre, d'un meslange si universel, qu'elles effacent, et ne retrouvent plus la cousture qui les a joinctes. Si on me presse de dire pourquoy je l'aymoys, je sens que cela ne se peut exprimer, qu'en respondant : « Par ce que c'estoit luy, par ce que c'estoit moy[33]. »

On observe que, dans ce passage, Montaigne passe du terme « amitié » au terme « amour » et ses dérivés, avec des accents que notre culture réserve à la passion des rapports entre hommes et femmes. Dans les *Essais*, Montaigne aborde également l'amour charnel masculin, mais il le condamne comme étant une issue détériorée de l'amour spirituel. Si, toutefois, cet amour charnel masculin « tomboit en un courage plus genereux, les entremises estoient genereuses de mesmes : Instructions philosophiques, enseignements à reverer la religion, obeïr aux loix, mourir pour le bien de son païs : exemples de vaillance, prudence, justice. S'estudiant l'amant de se rendre acceptable par la bonne grace et beauté de son ame, celle de son corps estant pieça fanée[34] ».

---

30 Montaigne, *Les Essais*, édition critique par Jean Balsamo *et al.*, Paris, Gallimard, "Bibliothèque de la Pléiade", 2007, p. 192.

31 *Ibidem.*

32 *Ibid.*, p. 198.

33 *Ibid.*, p. 194-195.

34 *Ibid.*, p. 193-194.

LES *PENSIERI MEDICO-MORALI*
Deuxième approximation

Revenons à Sarpi. Pour agir, le médecin de l'âme doit connaître « tous les vices auxquels la nature humaine est sujette[35] », tandis que celui dont l'âme est malade doit être au clair avec ses propres défauts : aussi bien ceux qui l'agitent que ceux qui lui font du tort en société. Les vices peuvent impliquer le plaisir de l'âme ou la fureur mais, pour être soignés, ils doivent d'abord être bien connus de ceux qui les subissent. Dans ce travail de guérison « de ton infirmité, et donc de toi[36] », « bien que l'ami soit excellent, n'importe qui est bon tant que tu ne t'occupes pas de s'il a la santé ou pas et qu'il connaît ton mal, mais le médecin qui a expérimenté le mal est encore meilleur et l'ami n'est pas le seul à être excellent car le grand ennemi l'est aussi[37] ». L'essai est donc consacré à la manière de guérir l'âme en même temps que le corps par une prise appropriée de nourriture ou de médicaments et tout le texte est traversé par le thème de la nourriture et de la médecine pour guérir les maux de l'âme. Ce langage trouve son origine dans la santé fragile de Sarpi et dans ses troubles digestifs, qu'il traitait en régulant, avec de légères modulations, son mode de vie habituel. Micanzio nous informe que « aucun met n'excitait son appétit s'il le pensait nocif. Il prenait tous ses médicaments comme s'ils étaient de savoureux aliments[38] » ; ceci explique le recours si fréquent au thème de l'alimentation et de la médecine. Cependant, dans un groupe d'aphorismes contenus dans le recueil des *Pensieri naturali, metafisici e matematici* à la date de 1588, on trouve une première clé de lecture de ces termes. En effet, l'aphorisme 380 nous informe que « la vraie philosophie n'est pas une médication mais une nourriture pour l'âme, tandis que la religion est une médication, en application du principe *corpora aegra quo magis nutries, magis laedes*, c'est bien pourquoi la philosophie fait du tort et qu'il faut avoir recours aux aides divines pour soigner les défauts[39] ». C'est

35 P. Sarpi, *Pensieri medico-morali*, *op. cit.*, p. 606.

36 *Ibidem*.

37 *Ibidem*.

38 F. Micanzio, *Vita del padre Paolo*, *op. cit.*, p. 1287-1288.

39 P. Sarpi, *Pensieri naturali, metafisici e matematici*, p. 289.

ainsi qu'est introduite l'omniprésente devise sarpienne *corpora aegra quo magis nutries magis laedes*, qui s'insère dans un contexte relatif au rapport entre philosophie et religion : quand l'individu ou le corps social connaît une crise, il doit être soigné par la religion et non nourri de philosophie, car la raison ne peut pas remédier aux inclinations perturbées et elle endommage au lieu de guérir. Dans la pensée 403 du même recueil, il ajoute :

> Que les hommes vivent en République et sous l'autorité du pouvoir suprême, c'est une chose naturelle, voire une propriété. Il est certain, cependant, qu'ils vivraient mieux dans l'anarchie, où chacun se gouverne lui-même, si la composition de leur âme s'y prêtait : c'est pourquoi la République est une médication naturelle, et non de la nourriture. D'autant qu'il y en plus d'un type et la plupart sont tyranniques, tout comme certaines médications sont plus puissantes et d'autres moins. Elles triomphent et conduisent au bonheur quand la vertu et le vice sont proportionnés ; mais s'ils sont en excès, ce sont des tyrannies, et s'ils manquent, cela se prête à la licence. La Torah est ainsi naturelle tout en étant de plusieurs sortes, elle aussi n'est que médication, plus ou moins proportionnée en fonction des sujets ; elle est bonne quand elle est proportionnée, mais cela arrive rarement parce qu'il n'y a qu'une façon de faire le bien, à savoir échouer à l'infini[40].

Ainsi, nous savons que la « nourriture » est la philosophie et que la « médication » désigne la religion et l'État. Si l'humanité avait la « [bonne] composition de l'âme », elle pourrait se gouverner de manière autonome par la seule raison, mais comme elle lui fait souvent défaut, elle a besoin d'un gouvernement politique et de la religion. Dans une lettre adressée à Groslot de l'Isle le 1er avril 1608, Sarpi écrit :

> Et pour dire à Votre Seigneurie ce que je pense de ce monde qui est le nôtre, c'est un malade de longue date : on a cru sa maladie incurable, il y a eu quelques crises qui ont fait croire qu'il puisse guérir ; les médecins ont pensé le soigner par une bonne nourriture sans médication, sans tenir compte de l'avertissement d'Hippocrate qui dit que les corps malades se dégradent à mesure qu'on les nourrit. Si le bon document avait donc été appliqué dans les règles de l'art, à savoir que les grands maux exigent de grands remèdes, peut-être aurait-on bien fait[41].

Les concepts de « nourriture » et de « médecine » sont ici encore liés à la situation politico-religieuse et ce moment « de crise » est interprété

40 *Ibid.*, p. 307.

41 Sarpi, Paolo, *Lettere ai Protestanti*, édition critique par M. D. Busnelli, Bari, Laterza, 1931, vol. 1, p. 11, lettre du 1er avril 1608.

comme un moment de crise collective – l'Interdit, ou plus généralement les réformes religieuses – qui aurait nécessité de grands remèdes et a été résolu au contraire avec les demi-mesures du compromis. L'analogie entre la médecine et la religion ou le gouvernement politique est également présente dans l'essai *Pensieri medico-morali* :

> Que celui qui est saisi d'une affection ne s'appuie pas sur *le régime des bien portants et sur les bonnes opinions.* « Corpora aegra quo magis nutries magis laedes ». Dans les maladies aigues, il faut retirer la nourriture à la temporalité de cet état, et la prescrire en petite quantité dès le départ, juste ce qu'il faut pour durer ; dans les longues maladies il faut recourir continuellement du début à la fin à la *nourriture médicamenteuse, un mélange de bonnes et de mauvaises opinions*, en respectant cependant bien *la raison*, car chacune produit des âmes de plusieurs types, en fonction de l'âge, car même l'âme a le sien, et de l'habitude, car une chose moins bonne doit être préférée à une meilleure qui serait nouvelle et âpre [nous soulignons][42].

Ici aussi, Sarpi établit la relation entre le « régime des bien portants » et les « bonnes opinions », mettant ainsi en évidence la signification éthique et politique de ses propos[43]. Nous avons vu pourtant que les termes « nourriture » et « médication » étaient aussi utilisés en relation avec l'usage des plaisirs : « la nourriture peu saine relève du médicamenteux, *ce sont des voluptés mêlées à de la douleur* [nous soulignons] ». Ici, le terme « nourriture » signifie « volupté » et le terme « médication » signifie « douleur » : comme la nourriture, le plaisir est un moyen pour atteindre une fin, et un excès de celui-ci provoque un état d'infirmité qui doit être soigné avec de la « nourriture médicinale ». L'analogie révèle le sens des définitions initiales : le plaisir est un moyen, comme la nourriture, et sa consommation excessive ou impropre engendre la maladie et rend par conséquent nécessaire un traitement par de la nourriture médicamenteuse, qui correspond dans le texte à la fois à « des voluptés mêlées de douleur » et à des « mélanges de bonnes et de mauvaises opinions ». Dans d'autres contextes, cependant, le terme « médication » renvoie à son sens propre et le passage entre les trois significations est si continu qu'il présente une difficulté constante d'interprétation. Outre l'utilisation d'un

---

42 P. Sarpi, *Pensieri medico-morali*, *op. cit.*, p. 608.

43 *Ibidem.* Le fait que cela recouvre aussi les « opinions » religieuses est signalé quelques lignes plus haut, lorsqu'il écrit « non ti metter all'impresa di levar un'opinione cattiva radicata, massime giudicata necessaria come una superstitione ».

langage familier à l'auteur et au lecteur qui vise à exclure le profane de la communication cryptée, Sarpi charge les concepts de « nourriture » et de « médication » de résonances analogiques si larges, au point de donner lieu à un « code contextuel », c'est-à-dire un code polymorphe à saisir dans son contexte spécifique. Et cela contribue à l'incertitude du discours. Si le point de départ de l'essai est, comme nous l'avons soutenu, le désir homosexuel, sa puissance et la difficulté qu'il y a à le satisfaire, ses peines et sa difficulté à restaurer la tranquillité de l'âme, son intention est cependant d'élever le discours à une théorie universelle valable pour tous les maux de l'âme, afin de générer une multiplicité d'analogies qu'il nous est difficile de maîtriser aujourd'hui et que ses lecteurs autorisés ne maîtrisaient peut-être pas non plus tout à fait. Puisque nous devons supposer que le destinataire du texte en comprenait le sens, nous pouvons également supposer qu'il connaissait déjà les analogies de Sarpi et qu'il était capable de saisir à chaque fois le sens que prenaient les mots « nourriture » et « médication » qui semble aujourd'hui si difficile à démêler. Une conclusion semble cependant certaine : les corps malades doivent être soignés par une religion raisonnable, faite de vrai et de faux, tandis que la vérité pure de la philosophie fait du mal, tel un excès de nourriture administré à un corps malade, et cela s'applique aux individus comme au corps social.

ENTRELACEMENTS

Le seul exemplaire du manuscrit des *Pensieri medico-morali* qui nous est connu est conservé dans les archives privées de la famille Donà dalle Rose à Fondamenta Nuove. Il se trouve donc dans la maison du doge qui a subi l'Interdit et qui a été le protecteur politique de Sarpi. Le fascicule fait partie d'un carton portant la mention : « Archivio Donà dalle Rose D 14 », qui corrige la précédente cote D 23. À l'intérieur du carton, le dossier des *Pensieri medico-morali* ne contient aucun indice sur l'identité du copiste, en-dehors de sa graphie[1]. Un index tapuscrit des archives réalisé dans les années 1960 le décrit comme des « Fragments retrouvés parmi les écrits de feu Paolo Sarpi, père supérieur servite de Venise. Fascicule papier de 14 feuillets transcrits par Zuanne Donà que l'on peut dater de la première moitié du XVIIIe siècle ». En haut du dossier il y a un cachet signé « Lorenzo Donà dalle Rose » du milieu du XXe siècle, tandis que l'inscription D 14 est en bas à droite.

L'expression « Fragments retrouvés parmi les écrits de feu le père supérieur Paolo Sarpi servite de Venise » semble faire référence à un texte trouvé parmi d'autres écrits. Cependant, l'expression est très imprécise puisqu'il ne s'agit pas de fragments mais d'un seul texte complet et elle ne nous dit pas non plus clairement qui a trouvé ce texte ni quand. Le texte a-t-il été « retrouvé » par Zuanne Donà dans d'autres papiers de Sarpi et transcrit par lui, ou était-il déjà en sa possession et l'a-t-il copié pour des raisons inconnues ? Ces deux hypothèses sont très différentes puisque, dans le deuxième cas, il s'agirait d'un texte ayant appartenu à Leonardo Donà et donc d'un essai probablement écrit pour lui. On pourrait formuler de nombreuses suppositions sur la présence de ce texte chez les Donà, mais la plus simple est que Zuanne Donà aurait copié un texte conservé dans les papiers de la famille. On peut alors

1 Archives privées Donà dalle Rose, Venise (désormais ADV), D 14. Les informations qui suivent sont le résultat de l'examen du manuscrit que j'ai mené dans ces archives privées le 7 mars 2018.

supposer qu'il ait appartenu au doge et que celui-ci l'ait conservé parmi ses papiers. La formulation dans l'index serait alors imprécise, mais cette imprécision serait loin d'être la seule.

LEONARDO DONÀ

Notre connaissance de Leonardo Donà est superficielle et très institutionnelle. Nous savons qu'il a été chargé de nombreuses missions diplomatiques, notamment à Rome où il a développé une aversion pour la curie pontificale[2]. Les raisons de cette aversion ne sont toutefois pas claires. On connaît sa désapprobation du manque de patriotisme des familles « papistes » et de leur penchant à conclure avec Rome des accords préjudiciables aux intérêts vénitiens, mais cela semble insuffisant pour expliquer un anticléricalisme qui a visiblement atteint des sommets très élevés. On sait aussi qu'il cultivait une conception « bodinienne » ou – si l'on préfère – française de la souveraineté, qui le conduisait à s'indigner de ce qu'elle soit partagée avec le pouvoir ecclésiastique sur le territoire italien. À cet égard, on a connaissance d'un épisode qui illustre bien sa conception des relations entre le pouvoir politique et la monarchie pontificale, mais qu'il faut comprendre correctement. L'épisode est le suivant : le patriarche de Venise avait invité les confesseurs à faire appliquer l'*Index* en demandant aux pénitents s'ils possèdaient des livres interdits par l'Église et, si oui, « de les faire disparaître et les détruire », sans demander l'autorisation des magistratures vénitiennes. Le Collège convoqua alors le vicaire pour qu'il s'explique et, lorsque ce dernier affirma qu'il respectait « grandement » le pouvoir politique, Donà l'interrompit :

> Quoi ? Vous dites que vous reconnaissez grandement le prince ? Moi je dis qu'il est tout et que c'est parce qu'il est tout qu'il faut le reconnaître et lui obéir, et que tout le reste est accessoire. On ne peut publier ni jubilés, ni aucune autre bulle, sans se rendre d'abord auprès des très excellents messieurs les chefs [des Dix] ou ici [au Sénat] : ce n'est pas un manque d'obéissance au Souverain

2 Seneca, Federico, *Il doge Leonardo Donà. La sua vita e la sua preparazione politica prima del dogado*, Padova, Antenore, 1959, p. 152-207.

> Pontife, mais parce que parfois certains mots sont changés ou supprimés en fonction du moment et des circonstances, et nous ne nous attendions pas à une telle action, qui est insupportable et qui déplaira à la fois au Collège, au Sénat et au Grand Conseil et qui, à terme, déplaira aussi au Souverain Pontife, bien qu'il soit capable d'en faire de même[3].

Tel est le fond de la pensée de Donà. Ses mots ne doivent cependant pas être pris pour l'indice anachronique d'une conception totalitaire du pouvoir politique, mais comme une insistance sur la souveraineté de Venise et sur son autonomie dans les actes de juridiction, qui sera scellée par l'institution de l'*exequatur.* Comme l'illustre la suite du discours, Donà considère que l'exécution des décrets pontificaux et la disposition des biens des sujets vénitiens sont soumises au consentement du souverain politique, car lui seul a le pouvoir de contraindre par la force. La conception de Leonardo Donà des relations entre Venise et la papauté, qui prenait alors de plus en plus la forme de relations entre l' « État » et l' « Église », est clairement illustrée par un tableau, aujourd'hui conservé dans la salle centrale du premier étage de son palais à Fondamenta Nuove. Le tableau représente la visite rendue par le légat vénitien Donà à Clément VIII et place la figure du futur doge plus haut que celle du pape. Ce détail est si important que, plus tard, l'image a été corrigée et la figure de Donà a été repeinte dans une position plus basse que celle de Clément VIII[4]. La censure souligne de nouveau le sens de l'image, qui concerne cette fois la conception du pouvoir politique selon Donà et que Sarpi réitère toujours au début de chacun de ses avis, lorsqu'il s'adresse aux magistrats de la République en les interpellant en tant que « Prince très sérénissime ».

C'est ainsi que Leonardo Donà concevait la souveraineté de Venise. Dans sa *Vie de Leonardo Donato*, Andrea Morosini écrit que certains lui reprochaient de préférer les arcanes du pouvoir à la religion, et Giovanni Carlo Sivos ajoute qu'il était considéré par les autres princes et à Venise même « comme un homme politique pas très pieux et encore moins

3 Cité par Infelise, Mario, *I padroni dei libri, Il controllo sulla stampa nella prima età moderna*, Bari, Laterza, 2014, p. 40.

4 J'ai pu examiner ce tableau au cours d'une visite au Palazzo Donà le 8 mars 2018. Je ne suis en mesure d'indiquer ni le nom du peintre ni la date d'exécution du tableau puisque la famille Donà ne m'a plus permis d'accéder au palais pour examiner ses peintures. Telle est la situation des « sciences historiques » qui, trop souvent, dépendent du bon vouloir de personnes privées qui décident ou pas d'accorder l'accès aux documents.

religieux et beaucoup se sont infiniment réjouis de sa mort[5] ». Comme on l'a vu, la lettre secrète envoyée début mars 1607 au cardinal Mariano Pierbenedetti par un « sénateur de tout premier plan » anonyme est beaucoup plus directe. Les centres d'intérêt qui transparaissent de la bibliothèque du futur doge montrent une focalisation prévisible sur la culture et l'histoire vénitiennes, ainsi qu'un goût pour les traités politiques contemporains, autorisés mais aussi interdits par l'autorité ecclésiastique. Donà possédait les *Discorsi politici* de Paolo Paruta et *Della perfezione della vita politica* dans l'édition vénitienne de 1579, les *Discorsi sopra Cornelio Tacito* de Scipione Ammirato, publié à Brescia en 1599, la *Relatione della republica venetiana* de Giovanni Botero, les *Concetti politici* de Francesco Sansovino, les *Ragguagli del Parnaso* de Traiano Boccalini dans l'édition de 1617-1618 et la *Storia d'Italia* de Francesco Guicciardini. Mais ces titres du débat contemporain sont éclairés par la présence des œuvres principales de Machiavel : le *Prince* et la *Vie de Castruccio Castracani*, les *Discours* et *L'Art de la guerre* qui, interdites, ont été enregistrées avec la note « *abbrusciato* » (brûlé)[6]. Le catalogue de la bibliothèque de Leonardo mentionne aussi *Della vanità delle scientie* de Cornelius Agrippa, également accompagné de la note en marge « *abbrusciato* », tout comme *Amadis de Gaule* dans l'édition Tramezzino[7] « brûlé » lui aussi ; le *Décaméron* de Boccace dans l'édition vénitienne de 1552 est accompagné de la note « mis hors de la maison sur ordre des inquisiteurs[8] » et une traduction italienne de « Eraste ».

Dans la section consacrée à la théologie, où se succèdent les textes canoniques de Basile le Grand, d'Augustin, de Bernard de Clairvaux et de Thomas d'Aquin, on ne décèle pas d'intérêt particulier pour la culture religieuse anglaise ou la théologie calviniste, mais plutôt pour la culture religieuse de Vénétie, y compris de tendance « spirituelle » telle qu'elle émerge des ouvrages *In librorum psalmorum brevis explanatio et paraphrasis* de Marc'Antonio Flaminio et *De potestate pontificis* de Gasparo Contarini. Outre les références prévisibles de droit civil et canon, de théologie et d'histoire vénitienne, ainsi que les dictionnaires et les livres

5 Romanin, Samuele, *Storia documentata di Venezia (1600-1700)*, t. II, Venezia, Pietro Naratovich, 1848, p. 94.

6 BMCVe, Ms. PD, b. 2735/2, *Inventario dei libri stampati e scritti a mano*, f. 11v-12r. Je remercie Giulia Ceriani Sebregondi de m'avoir signalé ce manuscrit.

7 *Ibid.*, f. 12r.

8 *Ibidem.*

de voyage constituant l'essentiel de ses lectures professionnelles, les quelques 900 ouvrages en possession de Leonardo Donà comprennent le *Commentaire* de Marsile Ficin au *Banquet* de Platon avec ses *Lettere diverse* traduites en langue vernaculaire, les *Dialoghi platonici* de Francesco Patrizi, les *Asolani* de Bembo avec les *Prose e lettere volgari*, le cinquième livre des *Lettere* de l'Arétin, les œuvres complètes de Platon, Aristote et Cicéron, le *De rerum natura* de Lucrèce, la deuxième partie traduite en langue vernaculaire des *Œuvres morales* de Plutarque complétée par ses opuscules en latins et *Dell'astrologia giudiziaria* d'un auteur non précisé. Après sa mort, son neveu puis d'autres ont acheté les *Detti estratti dall'Istoria del concilio di Trento* de Francesco Maria Sforza Pallavicino, les œuvres « autorisées » de Ferrante Pallavicino et les *Lettere* et les *Scherzi geniali* de Giovan Francesco Loredan : tous ces ouvrages n'illustrent évidemment pas seulement les centres d'intérêt de Leonardo mais montrent aussi ceux de ses descendants immédiats. Une feuille volante plus tardive signale la *Istoria del Concilio di Trento del Soave*, c'est-à-dire de Sarpi.

Ces centres d'intérêt qui transparaissent de la bibliothèque de Donà ne vont pas tant dans le sens d'une religiosité réformée que dans celui de la primauté de la politique et de son autorité sur la religion. Nous ne savons rien de la vie privée de Leonardo et les études existantes n'aident guère à la comprendre. Il était compétent dans les affaires mercantiles et très attentif à la gestion de la fortune familiale ; en dehors de cela, il semble n'avoir aucune vie privée[9]. Il choisit volontairement le célibat et une tradition de source incertaine entretenue par la famille veut qu'il ait scrupuleusement respecté un vœu de chasteté fait dans sa jeunesse, qu'il devait à son caractère austère et à son dévouement au service de

9 Davis, James C., *Una famiglia veneziana e la conservazione della ricchezza. I Donà dal '500 al '900*, Roma, Jouvence, 1980, p. 144. Dans sa présentation des choix matrimoniaux des frères Donà de la génération de Leonardo, J. C. Davis explique l'unique mariage du benjamin Nicolò comme la conséquence de la stratégie vénitienne pour conserver le patrimoine immobilier de la famille, consistant à ne marier qu'un frère par génération. En l'absence de droit d'aînesse, le père Giambattista ou un « conseil de famille » a désigné le petit frère de Leonardo. Davis ajoute cependant que, bien qu'elle ne soit pas de droit, l'aînesse a de fait constitué la règle la plus suivie par la famille Donà : dans trois générations sur cinq entre le XVIe et le XIXe siècle – de fait trois sur quatre si on ne compte pas le cas de Leonardo – c'est le fils aîné qui se marie. C'est attendu dans la mesure où une renonciation si lourde pour les frères exclus n'est acceptable qu'en vertu d'une règle impersonnelle et usuelle. Sur les rapports dans les fratries à cette période, voir aussi Borello, Benedetta, *Il posto di ciascuno. Fratelli, sorelle e fratellanze (XVI-XIX secolo)*, Roma, Viella, 2016.

l'État[10]. Nous n'en savons pas plus, mais ce qui saute aux yeux dans sa bibliothèque philosophique est le groupe des écrits platoniciens. Leonardo possédait non seulement les œuvres complètes de Platon, mais aussi les *Dialoghi platonici* de Francesco Patrizi, peut-être les *Dieci dialoghi della Historia* publiés en 1560, et le *Commentaire* de Marsilio Ficino sur le *Banquet* de Platon, complété par ses *Lettere diverse*. Donà cultivait donc un intérêt spécifique pour la philosophie platonicienne et en particulier pour le *Banquet* commenté par Ficin, qu'il possédait dans l'édition vénitienne de 1543. L'humaniste florentin, dans la lignée du dialogue de Platon, y considère la beauté comme un reflet de l'ordre divin dans le monde et l'attirance envers elle comme une forme d'amour pour l'esprit divin à l'œuvre dans l'univers. Cet amour peut être de nature intellectuelle, et répondre aux principes idéaux qui régissent le cosmos, ou bien être de nature charnelle et dirigé vers la procréation. L'approche dualiste de l'*eros* platonico-ficinien trouve son application dans le chapitre XIV de la sixième oraison, « D'où vient l'amour envers les hommes et envers les femmes ». Tous les hommes, soutient Ficino, sont voués à accoucher mais :

> Certains, soit par nature, soit parce qu'ils ont été élevés de cette manière, sont plus aptes à accoucher de l'âme que du corps ; pour certains autres, voire pour beaucoup, c'est le contraire ; les premiers suivront l'amour céleste, les seconds le vulgaire. Les premiers se tournent donc naturellement vers les mâles, les autres, bientôt vieux, préfèrent les femmes ou les jeunes hommes, car ceux-là ont l'esprit plus aiguisé et très apte à générer la discipline nécessaire à leur beauté. Certains le font pour le plaisir des relations charnelles et par désir pour la procréation corporelle. Mais cette force de l'âme à vouloir procréer est détachée de la cognition et ne fait aucune distinction entre les sexes : par sa nature, elle est poussée à procréer à chaque fois qu'elle juge un corps beau. Il arrive souvent qu'à force de fréquenter les mâles, pour apaiser les pulsions de procréation, on se mêle à eux, surtout à ceux qui sont nés avec Vénus dans Saturne, ou à la limite de Saturne ou en opposition à Saturne[11].

---

10 Donà dalle Rose, Gianmaria, *L'antipapa veneziano. Vita del doge Leonardo Donà (1536-1612)*, Firenze, Giunti, 2019, p. 122 ; ce qui correspond au témoignage oral de Chiara Donà dalle Rose, lors de notre entretien du 7 mars 2018. Le fait est rapporté aussi par Ceriani Sebregondi, Giulia, « Un doge e il suo manifesto : il palazzo di Leonardo Donà alle Fondamenta Nuove a Venezia », *Annali di Architettura, Rivista del Centro internazionale di studi di Architettura Andrea Palladio di Vicenza*, n° 14, 2002, p. 235.

11 *Il Commento di Marsilio Ficino sopra il Convito di Platone*, traduit en toscan pour Hercole Barbarasa da Terni, Venetia, 1544, p. 57rv.

Le texte se poursuit par une condamnation directe de la dispersion de la semence, considérée comme un meurtre, et par une défense de l'honnêteté de l'amour de Socrate pour Alcibiade. L'amour de nature intellectuelle est ainsi présenté comme un amour envers d'autres hommes adultes, tandis que l'amour charnel se manifeste par le désir pour les femmes et les garçons, ici regroupés dans une même interprétation. Dans la dernière phrase, en outre, il est dit que ceux qui sont nés lors de la conjonction entre Vénus et Saturne ont des relations charnelles avec d'autres hommes, selon une confiance en l'astrologie toujours vive au XVIIe siècle et peut-être partagée par Donà, qui possédait le manuel *Dell'astrologia giudiziaria* visant à identifier les conjonctions du thème astral. Il est donc possible que la chasteté de Leonardo et sa mise à distance de la gent féminine aient été alimentées par cet argument platonico-ficinien de l'amour intellectuel, pas très différent de celui avancé dans *De l'amitié* de Montaigne, et que l'essai de Sarpi discute d'un problème similaire avec des ressources conceptuelles différentes.

FULGENZIO MICANZIO

Micanzio avait quant à lui certainement des contacts avec Antonio Rocco, avec lequel il entretenait un échange intellectuel fait de livres et de discussions. Ceci est attesté par la comparution spontanée d'Enrico Palladio, médecin d'Udine, devant l'Inquisition d'Aquileia le 23 novembre 1648, où il dénonce les conversations qu'il a eues avec eux. Quelque temps auparavant, Palladio avait été conduit par le médecin Andrea Piscante et le docteur en droit Dionisio Corrado di Gardon chez Antonio Rocco qui lui avait offert « un livre de trois doigts d'épaisseur imprimé in-quarto » sur la mortalité de l'âme (« *de mortalitate animae* »), c'est-à-dire le traité *Animae rationalis immortalitas simul cum ipsius vera propagatione ex semine, via quadam sublimi peripatetica non hactenus post Aristotelem signata*, imprimé l'année précédente à Francfort[12]. De ce livre, Rocco

12 Rocco, Antonio, *Animae rationalis immortalitas simul cum ipsius vera propagatione ex semine, via quadam sublimi peripatetica non hactenus post Aristotelem signata vestigijs exercitationis philosophicae illibataeque veritatis gratia indagatur*, Francfort, Philippum Hertz, 1644.

« m'en a donné deux exemplaires, un pour moi et l'autre à apporter au père supérieur Fulgenzio des Servites, vicaire général de son ordre à Venise et expert en théologie auprès de la République Sérénissime, ce que j'ai fait[13] ». Palladio a ensuite eu plusieurs conversations avec Antonio Rocco, qui :

> [...] m'a dit plusieurs fois que ceux qui font le bien sont sauvés et que même les incroyants sont sauvés selon la loi de la nature, et moi, impressionné par ces choses, je me suis trouvé à dire qu'un incroyant qui aurait bien vécu et aurait connu Dieu dans la dernière partie de sa vie, ayant eu le désir de se baptiser sans y parvenir et mourant avec ce désir, serait sauvé, ce qui a parfois été mal interprété. Aussi ce M. Rocco nous demandait souvent depuis combien de temps nous n'avions pas eu d'expériences charnelles, naturelles ou contre-nature, et lorsqu'il nous arrivait de lui répondre oui, il ajoutait : « Vous avez bien fait parce que cet instrument a été fait par la nature pour assouvir nos goûts et nos plaisirs ». Alors que je discutais avec un de mes chers amis à Udine, ou dans une villa en présence de M. Paolo Caimo, je lui dis que, conformément à ce que j'ai dit, le péché charnel est le moindre que l'on puisse commettre.

Palladio s'est acquitté de sa tâche en livrant le traité de Rocco à Micanzio, qu'il a ensuite fréquenté pendant quelque temps, recueillant les propos qu'il jugeait dérangeants. Micanzio a dit que le purgatoire n'existait pas, « ce père Fulgenzio m'a aussi dit plusieurs fois que notre Loi est la meilleure de toutes, et qu'elle est la vraie, mais qu'il faut la laisser telle que l'avaient fait les Apôtres et qu'après eux les papes, les moines [et] les prêtres l'ont modifiée et cela m'a fait aussi une mauvaise impression ». Nous ne connaissons pas le commentaire de Micanzio sur le livre de Rocco, mais le fait que ce dernier le lui ait envoyé en privé révèle une connivence inconcevable pour un calviniste, tandis que le langage utilisé avec Palladio montre une influence plus averroïste que calviniste.

Comme on l'a vu, le témoignage de Palladio est confirmé par la déposition de Luigi Valeriani en 1609. Bien que ce soit l'un de ceux qui insistent le plus sur le penchant calviniste de Micanzio, certains

---

13 ASVen., *Fondo Sant'Uffizio*, carton 103, f. n. n. Ce fascicule vénitien est une transcription de l'examen de conscience effectué par Enrico Palladio face à l'inquisiteur d'Aquileia et conservé aux archives de l'archevêché de Udine, *Officio*, carton 1308, (a. n. 31). Ce texte a été transcrit par Del Rosso, Giovanni, *Un medico del Seicento tra libertinismo veneto e Inquisizione*, mémoire de licence, Università degli studi di Trieste, Facoltà di lettere, 2010-2011.

détails contredisent pourtant cette thèse. Valeriani affirme en effet que ses conversations avec Micanzio montraient qu'il se sentait mal dans la foi catholique « et praecipue de confessione sacramentali et de immortalitate animae humanae de quibus dicebat se habere dubitationem[14] ». Valeriani ne relève pas la contradiction entre l'absence de croyance en l'immortalité de l'âme et l'interprétation calviniste qu'il propose, tout comme l'inquisiteur Michelangelo Seghizzi. Plus tard, au cours de l'enquête menée par le Saint-Office à la suite de ce témoignage, nous avons vu que Cristoforo Zaffio rapporte une conversation entre lui et Micanzio, au cours de laquelle ce dernier a soutenu que, pour comprendre les Écritures, il serait nécessaire de les lire sans en présupposer la doctrine : une attitude, là aussi, qui ne correspond guère à une interprétation calviniste mais recoupe plutôt le témoignage de Graziani, qui suggère un état d'esprit indépendant de toutes sortes de présuppositions confessionnelles[15].

L'ACCADEMIA DEGLI INCOGNITI

Antonio Rocco fréquentait *l'Accademia degli Incogniti* et a confié le manuscrit d'*Alcibiade fanciullo* à Gian Francesco Loredan, qui en était le principal dirigeant après de brefs débuts portés par Guido Casoni. Loredan a conservé le manuscrit et l'a ensuite fait imprimer anonymement en 1651. Micanzio avait aussi des contacts avec les académiciens *Incogniti* mais, contrairement à d'autres, il reste à l'affût de nouvelles voies qu'il explore surtout du côté de l'Angleterre grâce aux relations qu'il a nouées lors des trois années protestantes, de 1606 à 1609. Micanzio a donc suivi avec plus de détermination que son maître la voie anglaise, qu'il parcourt en restant opposé au courant arminien conciliant qui avait émergé lors du concile de Dordrecht. Le frère Fulgenzio s'intéresse à la

14 AAVat, *Borghese*, I, 26, *Contra fratrem Fulgentium de Brixia ordinis servorum*, f. 239r ; voir à ce sujet G. Cozzi, *Fra Paolo Sarpi, l'anglicanesimo e la Historia del Concilio Tridentino*, *op. cit.*, p. 570.

15 AAVat, *Borghese*, I, 26, *Contra fratrem Fulgentium de Brixia ordinis servorum*, f. 239r ; Frajese, Vittorio, « Visti da Roma. Sarpi e Micanzio nel triennio filoprotestante (1606-1609) », *Nuova rivista storica*, vol. 103, 2019, n° 1, p. 193-195.

philosophie de Francis Bacon et, en 1612, il entame une correspondance avec le nouvel ambassadeur anglais à Venise, Dudley Carleton, auprès duquel il se plaint de l'attentisme de Sarpi, qu'il qualifie de « subtil » dans le jugement mais « si limité [...] dans les faits[16] ». À partir de 1615, il entame une correspondance avec William Cavendish, rencontré lors du voyage de ce dernier dans la Lagune. Les lettres qu'il lui adresse ont pour la plupart été envoyées avant 1624 en italien et ont ensuite été traduites en anglais par le précepteur de Cavendish, Thomas Hobbes. La proximité entre Micanzio et Sarpi pourrait avoir permis une rencontre entre ce dernier et le philosophe anglais, dont la philosophie morale et politique présente de nombreux points communs. Si tel était le cas, il serait légitime d'envisager une influence de la philosophie sarpienne sur celle contenue dans le *Léviathan*.

Au cours des années 1630, avec le rapprochement progressif entre la Sérénissime et Rome, l'entente de Micanzio avec le gouvernement vénitien s'affaiblit progressivement, ce qui ne l'empêche pas de poursuivre sur sa propre voie. Il anime ainsi la controverse anti-Barberini des académiciens *Incogniti* en prenant la défense de Ferrante Pallavicino, menacé d'arrestation et de confiscation de ses livres par le nonce. Pallavicino participe d'ailleurs lui aussi à la discussion sur l'éthique des plaisirs dans un essai intitulé *Retorica delle puttane* où, après une longue tirade contre les arts séducteurs et trompeurs des courtisanes, il décrit la passion avec laquelle il les a fréquentées et l'amère déception qui s'en est suivie, puis il expose sa morale au sujet du désir charnel. Il s'agit, selon lui, d'un appétit naturel qu'il faut satisfaire avec modération et en identifiant bien l'objet approprié : « Par ce discours j'entends m'assurer que ma proposition ne soit pas rejetée ; j'y affirmai d'entrée que la lascivité n'est pas un péché honteux, tant qu'on la satisfait naturellement et normalement, c'est-à-dire par le commerce des femmes[17] ». Une fois précisée la nécessité naturelle de la fréquentation charnelle et donc son caractère moralement licite, il ajoute que :

> Distinguer un acte d'un autre n'a aucun fondement, si ce n'est d'exprimer une opinion imaginaire et vaine, à laquelle les personnes sages et avisées ne doivent pas être soumises. [...] car s'il n'est pas honteux de se nourrir, de

---

16 Barzazi, Antonella, entrée « Fulgenzio Micanzio », *DBI*, vol. 74, 2010.

17 Pallavicino, Ferrante, *La retorica delle puttane*, Massarosa (Lucca), Highlander, 2002, p. 88.

> céder aux pulsions d'autres désirs similaires ou de satisfaire les besoins de la nature (à condition de ne pas offenser son prochain), on doit tout autant atteindre la satiété des plaisirs que procure la femme[18].

Pallavicino considère donc comme une satisfaction licite le fait d'avoir des relations avec le sexe opposé, présentant ainsi au lecteur une théorie de la « bonne personne » ou du « bon sexe » à rapprocher de celle de la « bonne action » : en dehors du tort que l'on peut faire à l'autre, la distinction entre licite et illicite n'est pas définie par le type d'acte accompli mais par le type de personne avec laquelle il est accompli. Ces mots résonnent ainsi comme une critique des positions homophiles circulant à la même époque à Venise.

On devine donc l'ébauche d'une discussion sur le thème de la sexualité et de l'homosexualité, développée autour de l'*Accademia degli Incogniti* : une telle discussion a dû être vive dès 1628 puisque, cette année-là, Francesco Pona publie son essai *La Messalina*, qu'il signe « Assicurato accademico Incognito ». Séducteur de religieuses notoire, Gian Francesco Loredan y participe aussi, non seulement par des polémiques misogynes mais aussi par son amitié avec la religieuse et écrivaine proto-féministe Arcangela Tarabotti. Comme les autres *Incogniti*, dans les années 1630-1640, il participe à la défense de Ferrante Pallavicino en écrivant probablement les deux premières *vigilie* de l'*Anima di Ferrante Pallavicino.* En 1633, Loredan publie sa *Vita del cavalier Marino*, qu'il dépeint comme pro-vénitien et anti-espagnol, d'après son séjour dans la Lagune en 1602[19].

GIOVAN BATTISTA MARINO

La même année, les deux premières parties des *Rime* de Giovan Battista Marino sont publiées par l'imprimeur Ciotti de Venise. Dès l'année suivante, l'inquisiteur de Venise Giovanni Domenico Vignucci s'oppose à leur réimpression à cause de la chanson *Amori notturni*, qu'il

18 *Ibidem.*

19 Carminati, Clizia, entrée « Gian Francesco Loredan », *DBI*, vol. 65, 2005. Dans les *Bizzarrie* et les *Ragguagli di Parnaso* Loredan montre à nouveau son intérêt pour Marino.

juge obscène[20]. Cependant, les ennuis judiciaires de Marino commencent véritablement en 1609, lorsque le Saint-Office ouvre une enquête sur le jeune Vincenzo de Andreis, qui a été surpris en possession de quelques compositions faisant l'éloge de l'homosexualité et, peut-être, d'une satire anti-jésuite dont Marino est soupçonné d'être l'auteur. Peu après, une deuxième dénonciation de l'étudiant de Brescia Giovan Battista Ajata avec les mêmes accusations arrive sur le bureau de la congrégation, ce qui provoque l'ouverture d'une enquête. Le 13 avril 1609, la congrégation charge l'inquisiteur de Parme de « vérifier si les poèmes en circulation faisant l'éloge de la sodomie ont été composés par Giovan Battista Marino[21] ». Les soupçons de l'Inquisition romaine semblent se vérifier, car parmi les poèmes attribués à Marino il y en a bien qui célèbrent la sodomie, sur le ton de la farce, en mêlant sacré et profane, en jouant avec des passages bibliques et en attaquant les jésuites accusés, entre autres, de pédérastie. Le chapitre burlesque intitulé « Le melon » est un éloge de l'homosexualité et Marino a été plusieurs fois accusé de pratiquer la sodomie, dans des relations à la fois homo et hétérosexuelles[22].

Sur la base de ces indices, le 8 décembre 1609 le Saint-Office décrète l'emprisonnement du poète napolitain qui, de son côté, part pour la cour de Savoie avec des lettres de recommandation signées de Pietro Aldobrandini. Cependant, même dans le Piémont, sa position se complique et il est finalement arrêté parce que « on dit qu'il a parlé et écrit trop librement[23] ». Dans les négociations pour sa libération, Scipione Borghese joue le rôle de médiateur entre Charles-Emmanuel et Pietro Aldobrandini. Toutefois, ce ne sont pas eux qui obtiennent finalement la libération du poète napolitain, mais l'ancien ambassadeur anglais à Venise, Henry Wotton. Il arrive à la cour de Savoie le 13 mai 1612 pour négocier le mariage entre l'infante Marie de Savoie et un fils de Jacques Ier. Le 12 juin, Wotton demande la libération de Marino au duc de Savoie en guise de faveur personnelle et il l'obtient. Après avoir envisagé Venise et Londres comme destinations, Marino choisit finalement Paris, poursuivi, selon le chroniqueur napolitain Antonio

20 Carminati, Clizia, *Giovan Battista Marino tra inquisizione e censura*, Roma-Padova, Editrice Antenore, 2008, p. 14.

21 *Ibid.*, p. 43.

22 *Ibid.*, p. 74.

23 *Ibid.*, p. 98.

Buliffon, dans un procès pour sodomie[24]. Lorsqu'il rentre enfin en Italie, le Saint-Office clôt son procès en déclarant, le 9 novembre 1623, « qu'il est l'auteur de plusieurs poèmes contenant des hérésies » et le condamne donc à l'abjuration *de levi*.

Si, comme cela semble probable, l'Inquisition s'est intéressée à l'ensemble des compositions décrites par Clizia Carminati, il faut en conclure que l'éloge burlesque de l'homosexualité, associé à des pointes polémiques contre les jésuites et à un jeu avec des passages de la Bible, a suffi à susciter un léger soupçon d'hérésie. Or l'importance de l'affaire ne réside pas tellement dans les indices recueillis, ni dans le fait que le jugement se soit déplacé du texte vers la personne – comme c'est souvent le cas –, mais que ce procès ait mené à l'attribution de manuscrits anonymes de compositions récréatives, par le biais de témoignages à charge et d'expertises calligraphiques.

SCIPIONE BORGHESE

Dans l'affaire Marino, Scipione Borghese joue le rôle du médiateur bienveillant, au point d'être le destinataire des suppliques d'intercession auprès du duc de Savoie[25]. À l'université de Pérouse, il avait fait la connaissance non seulement de Bernardo Rocci mais aussi de Stefano Pignattelli qui devint son homme de confiance avec son secrétaire Pietro Campora. Une fois cardinal, Scipione « se souvenant de l'affection de Stefano, l'invita à Rome et l'admit à sa propre cour, où il prit un tel ascendant sur le cardinal que celui gérait tout en fonction de ses conseils[26] », ce qui provoque un scandale que Gaetano Moroni rapporte, avec la retenue nécessaire, dans son *Dizionario di erudizione storico ecclesiastica*. L'érudit romain y écrit que l'influence exercée par Pignattelli sur le cardinal-neveu a suscité « l'envie et la jalousie des courtisans » qui ont lancé « des calomnies malignes et vénéneuses contre lui et ont poussé

24 *Ibid.*, p. 147.

25 *Ibid.*, p. 138-140.

26 Moroni, Gaetano, *Dizionario di erudizione storico-ecclesiastica*, Venetia, dalla tipografia emiliana, 1851, vol. 53, p. 50.

les cardinaux et les ambassadeurs à rapporter au pape que Stefano était plein de vices détestables et que, pour l'honneur de son neveu, il fallait absolument l'éloigner[27] ». Paul V tient compte de ces récriminations et expulse Pignattelli de chez Scipione, ce qui déclenche chez lui une dépression dont il ne se remet qu'au retour de son ami. Stefano entame alors une heureuse carrière ecclésiastique qui le conduit jusqu'au cardinalat en 1621, ce qui donne lieu à une pasquinade féroce visant à mettre en évidence la nature de « cynède » du nouveau cardinal.

Au printemps 1619, sur un terrain appartenant aux Carmes déchaux, le chantier de construction de l'église Santa Maria della Vittoria mène à la découverte de la copie romaine d'un Hermaphrodite grec, datant probablement du IIe siècle. Les moines ont alors fait don de la sculpture à Scipione Borghese, qui les récompense par un don de 300 *scudi*, soit environ un dixième de sa valeur, et il charge le Bernin d'en fabriquer le support. Le choix s'est porté sur un matelas[28] ; on ne sait pas qui est l'auteur de cette *inventio*, mais elle rend explicite le fantasme qui entoure ce personnage mythologique. Avec le matelas, le fils d'Hermès et d'Aphrodite est en effet transformé en objet de consommation domestique et placé dans une pièce de la villa de Porta Pinciana, décorée de scènes du mythe tirées du livre IV des *Métamorphoses* d'Ovide[29].

27 *Ibidem.*

28 Winner, Matthias, « Ermafrodito », *Bernini scultore. La nascita del Barocco in casa Borghese*, éd. A. Coliva et S. Schütze, Roma, De Luca, 1998, p. 128-133 ; Pierguidi, Stefano, « Ermafrodito », *Bernini*, éd. A. Bacchi et A. Coliva, Milano, Officina libraria, 2017, p. 86-87.

29 Sur le rapport entre thèmes artistiques et homosexualité, voir Bartalini, Roberto, *Le occasioni del Sodoma. Dalla Milano di Leonardo alla Roma di Raffaello*, Roma, Donzelli, 1996.

COMMENT SE PROTÉGER DE L'INQUISITION ?

Les initiatives dans le domaine de l'administration de la justice civile n'auraient eu qu'un effet très limité si les tribunaux d'Inquisition chargés de réprimer les pensées exprimées *per externa signa* et les comportements intimes et privés étaient restés en activité. Il est en effet inutile de rappeler que tout ce qui a été évoqué jusqu'à présent constituait un délit aux yeux de l'Inquisition. Comme l'ont constaté les sources romaines, au moins depuis la crise de l'Interdit Sarpi avait pris contact avec le monde protestant, en particulier calviniste[1]. Lorsque le monitoire contre Venise est publié, il pense ainsi que le conflit déclenché par Paul V pourrait mener à une rupture et à la formation d'une Église vénitienne autonome, sur le modèle grec ou anglais[2]. L'hypothèse d'élever le patriarche de Venise au rang de primat d'une communauté orientée vers une doctrine encore à définir mais qui tendrait vers les théologies réformées a ainsi été envisagée[3]. Une telle Église aurait confié au pouvoir civil l'administration d'une « police ecclésiastique » à la française, et aurait toléré les communautés religieuses minoritaires et l'opinion exprimée en privé. Cette Église aurait été, en d'autres termes, davantage liée au pouvoir politique, plus libre dans la sphère privée et plus tolérante à l'égard des communautés minoritaires. Ce projet a naturellement rencontré le soutien de l'archevêque grec de Philadelphie, Gavril Seviros, qui en devient l'un des animateurs ; en 1608 il défend d'ailleurs publiquement

1 S. Villani, « Uno scisma mancato », art. cité, p. 68 ; sur ce thème M. Ord Smith, « Venice and Roma in the Address and Dispatches of Sir Henry Wotton », art. cité.

2 L'attitude de Sarpi pendant l'Interdit est décrite par Corrado Pin dans son introduction à P. Sarpi, *Consulti*, *op. cit.*, vol. 1, t. 1, p. 43-67 ; *Id.* « Capo, maestro e consultore d'un infamissimo scisma : Paolo Sarpi e l'Interdetto di Venezia del 1606-1607 », *Lo stato marciano durante l'Interdetto*, éd. G. Benzoni, Rovigo, Minelliana, 2008, p. 189-219 ; voir aussi V. Frajese, *Sarpi scettico*, *op. cit.*, p. 272-287.

3 L'observation formulée par F. De Vivo dans *Patrizi, informatori, barbieri*, *op. cit.*, p. 79 est superficielle.

sa position, commune aux sarpiens, selon laquelle la juridiction romaine ne s'applique ni aux grecs, ni aux autres communautés indépendantes de Rome. L'épisode lui vaut une admonestation de l'inquisiteur mais, selon le nonce Gessi, cela ne l'empêche pas de continuer[4].

Ces circonstances créent un contexte favorable aux initiatives de l'ambassadeur anglais, y compris sur le plan religieux. Après un premier contact établi en mai 1606, Henry Wotton écrit le 26 janvier 1607 au théologien calviniste Jean Diodati pour l'informer que Sarpi pense aussi que « le temps est maintenant venu de lancer une espèce de congrégation secrète à Venise[5] ». Wotton demande donc qu'on envoie une personne savante et digne de confiance pour travailler dans ce sens. Selon ce témoignage de l'ambassadeur anglais, le projet discuté avec Sarpi n'entendait pas promouvoir une confession réformée bien définie, mais il s'agissait plutôt de semer des principes généraux qui porteraient leurs fruits avec le temps : « au début, laisser de côté sans insister les articles les plus durs et les plus radicaux de notre foi [calviniste], pour poser des bases orthodoxes générales qui inspireront les esprits individuels à en tirer par eux-mêmes des conséquences salutaires[6] ». En d'autres termes, Sarpi a fait comprendre à l'ambassadeur anglais que la théologie devait exposer des principes généraux et constituer un réservoir d'idées laissées à l'interprétation des auditeurs, plutôt qu'enseigner des doctrines spécifiques.

Entre fin avril et le début du mois de mai 1607, l'aumônier de l'ambassade anglaise, Nathaniel Fletcher, est remplacé par William Bedell. Celui-ci rencontre fréquemment Sarpi et Micanzio et a l'impression qu'ils sont d'accord sur les principes fondamentaux de la religion, « and in a word, for the substance of religion, they are wholly ours[7] ». Au cours de l'été 1608, Bedell donne des livres à Sarpi et Micanzio, dont les *Institutiones christianae religionis* de Calvin, et il travaille à une grammaire de l'anglais pour favoriser la compréhension de sa langue outre-Manche. Au cours de ces mois, le calviniste Christian von Anhalt était en train de construire « l'Union évangélique » afin d'allier les pays protestants, et la crise vénitienne lui offrait l'occasion d'importer son projet en Italie.

4 AAVat, *Nunziatura di Venezia*, 38, f. 290r ; et V. Frajese, *Sarpi scettico*, *op. cit.*, p. 368.
5 S. Villani, « Uno scisma mancato », art. cité, p. 69.
6 *Ibidem*.
7 *Ibid.*, p. 72.

Au cours de l'année 1608, Anhalt envisage la possibilité d'impliquer Venise : en juillet 1608, il envoie son émissaire Christoph von Dohna dans la lagune pour sonder la possibilité d'inclure le territoire vénitien dans la nouvelle alliance ; deux mois plus tard, en septembre 1608, Jean Diodati arrive également pour prendre contact avec les hommes politiques favorable à une rupture avec Rome – dont Sarpi[8]. Diodati corrige cependant la perception de Bedell : il juge Sarpi hésitant et peu enclin à agir dans la précipitation. Il en conclut donc qu'il est préférable de promouvoir des initiatives préliminaires, notamment la traduction de livres et d'opuscules, la création d'un *fondaco* anglais sur le modèle de celui des Allemands et l'envoi de marchands flamands à Venise pour diffuser les principes du calvinisme. « Frère Paolo, écrit Jean Diodati à Philippe Duplessis-Mornay, s'en tient à une maxime très dangereuse selon laquelle Dieu ne se soucie guère des circonstances extérieures, pourvu que l'âme et le cœur nourrissent des intentions pures et droites et se rapportent à lui dans le Christ par la lumière de son Verbe et de son Esprit[9] ». Par conséquent, il discute avec lui « de liturgie, de séminaires, d'étudiants et d'autres nobles projets[10] » mais pas d'initiatives schismatiques.

L'anglican Bedell donne à lire les *Institutiones* de Calvin, l'anglican Wotton invite le calviniste Jean Diodati à Venise, puis celui-ci adresse son compte rendu au principal théologien calviniste de l'époque : bien que confessionnellement variée, il apparaît que la présence réformée à Venise a pris un tour de plus en plus calviniste et que Sarpi et Micanzio faisaient désormais partie de ce circuit. Les prédicateurs calvinistes ont cependant dû prendre acte de la méthode graduelle, partielle et progressive suivie par Sarpi, une méthode fondée sur la promotion des minorités « communautaires » présentes sur le territoire plutôt que sur un système doctrinal spécifique à adopter comme nouvelle confession d'État.

Au cours de l'année 1609, cependant, la situation commence à évoluer. Dans les premiers mois de l'année, Scipione Borghese s'impose pour la deuxième fois comme une présence menaçante dans le dos de Sarpi, en

8 Benrath, Karl, *Neue Briefe von Paolo Sarpi (1608-1616). Nach den in Fürstlich Dohna'schen Archiv aufgefunden originalen herausgegeben*, Leipzig, Rudolf Haupt, 1909, p. 6-16.

9 Taucci, Raffaele, *Intorno alle lettere di fra Paolo Sarpi ad Antonio Foscarini*, Firenze, Tipografia Barbera, 1939, p. 201.

10 S. Villani, « Uno scisma mancato », art. cité, p. 73.

corrompant son secrétaire « bien-aimé » et provoquant le choc émotionnel qu'on a vu. Entretemps, le long conflit concernant l'attribution de la riche abbaye de Vangadizza se termine par une résolution, votée à une nette majorité le 1er août 1609, en faveur du compromis proposé par le cardinal Michelangelo Tonti : il s'agit d'en attribuer le titre à Scipione Borghese et le bénéfice à son « confident » vénitien Matteo Priuli, fils du Procureur de Saint-Marc, Antonio Priuli, et ce malgré l'opposition des sénateurs antiromains dirigés par le doge[11]. Cette affaire montre à la fois l'affirmation de la ligne consistant à privilégier les solutions négociées avec Rome mais aussi la totale cohérence entre les agissements de Sarpi et la politique de Leonardo Donà et du sénateur Nicolò Contarini, sans quoi ces actes n'auraient aucun sens. Cela est confirmé un peu plus d'un mois plus tard, lorsque l'ambassadeur français à Venise, Richard de Champigny, présente au Sénat une lettre interceptée de Diodati à Duplessis-Mornay qui contient un compte rendu de sa mission à Venise, riche de commentaires positifs sur la bienveillance des patriciens vénitiens vis-à-vis d'une réforme protestante dans leur État. Dans sa présentation au Sénat, Champigny a pris soin de supprimer de sa dénonciation « le nom du doge, désigné par le ministre comme enclin à l'hérésie, afin de ne pas l'offenser et ainsi ruiner d'entrée la négociation[12] ». Cet épisode a renforcé le courant favorable à la normalisation des relations avec Rome et a rendu plus difficile la promotion des idées réformées, qui avaient été prudemment avancées au cours des trois années précédentes. Elle n'a cependant pas remis en cause la collaboration de Sarpi avec le gouvernement et a plutôt confirmé que tout ce que lui et Micanzio avaient fait au cours des trois années précédentes l'avait été avec le consentement, voire sur ordre, de Leonardo Donà. Le 11 septembre 1609, le Sénat ratifie l'interdiction de l'*Apologia pro iuramento fidelitatis*, écrite par Jacques Ier pour défendre le serment d'allégeance politique exigé des catholiques anglais après la « conspiration des Poudres ». Cette interdiction vient confirmer la condamnation du 9 juillet 1609 de ce texte par le Saint-Office, c'est alors que Wotton constate que ses marges de manœuvre sont épuisées et qu'il se résout à quitter Venise[13].

---

11 P. Sarpi, *Consulti*, *op. cit.*, vol. 1, t. II, p. 817-827.

12 R. Taucci, *Intorno alle lettere di fra Paolo Sarpi*, *op. cit.*, 1939, p. 240.

13 S. Villani, « Uno scisma mancato », art. cité, p. 87 ; sur l'interdiction du livre de Jacques Ier, voir De Bujanda, Jesus M., *Index librorum prohibitorum 1600-1966*, Genève, Droz, 2002,

LE MODÈLE GREC

Venise revient ainsi progressivement au *statu quo ante*, Sarpi ne cessant cependant d'espérer une rupture et d'envisager la fermeture des tribunaux d'Inquisition sur le territoire vénitien : « s'il y a la guerre en Italie, cela profitera à la religion [réformée] et c'est tout ce que Rome craint : l'Inquisition cessera et l'Évangile sera appliqué », écrit-il à Jérome Groslot de l'Isle le 27 avril 1610 ; le 14 septembre il répète à Jacques Leschassier : « inter arma inquisitio cessaret[14] ». Pour fermer les tribunaux inquisitoriaux, il faut cependant prévoir des solutions alternatives en mesure d'asseoir l'Église étatique, que beaucoup considèrent comme indispensable, avec les marges d'autonomie individuelle et collective que le « sénateur de tout premier plan », dans sa lettre de mars 1607, avait dénoncées comme « liberté de conscience ».

Une fois que l'hypothèse jamais réellement envisagée d'un schisme et d'un passage au camp réformé a fait long feu, c'est le modèle gallican qui s'est naturellement imposé aux yeux des sarpiens. À cet égard, l'exemple de la communauté grecque pouvait judicieusement compléter celui de l'Église française. Dans son avis *In difesa della potestà e uso della Serenissima Repubblica di giudicar le persone ecclesiastiche* de février 1606, Sarpi prend l'Église grecque pour modèle. Pour démontrer l'inexistence d'un droit originel des ecclésiastiques à être dispensé du tribunal civil, il recourt à une argumentation historique qui expose la manière dont ces privilèges étaient issus de concessions accordées au fil du temps par l'autorité impériale. Ce pouvoir exercé par les empereurs romains avait ensuite été transmis à l'Empire d'Orient et était resté en vigueur dans l'Église grecque :

> De toute l'existence de l'Empire romain, jamais les ecclésiastiques n'ont été soustraits au pouvoir suprême du prince ; au contraire, ceux-ci ont expressément déclaré qu'ils pouvaient déléguer les affaires judiciaires des ecclésiastiques : la loi *Nullus episcopus* dit aussi expressément que l'évêque ne peut être jugé par aucun juge séculier, à moins que le prince n'ordonne le contraire. Après le déclin de l'Empire romain, l'Église grecque utilisa la même méthode

p. 469 ; F. De Vivo, *Patrizi, informatori, barbieri*, *op. cit.*, p. 334.

14 P. Sarpi, *Lettere ai Gallicani*, *op. cit.*, p. 92.

> qu'Héraclius, confirmée par les empereurs grecs qui lui ont succédé, à tel point qu'en 1083, Alexis Comnène ordonna que, en cas de litige entre un clerc et un laïc, le plaignant devait s'en remettre au tribunal de l'accusé, sauf si l'un des deux voulait recourir au jugement de l'empereur, auquel cas ce serait à lui de trancher l'affaire[15].

Cette première allusion indique déjà les raisons faisant de l'Église grecque un modèle pour l'Église latine. Chez les grecs, la souveraineté sur les personnes ecclésiastiques appartient au pouvoir politique, car l'Empire byzantin avait maintenu sa souveraineté sur les clercs, imposant ainsi à l'Église grecque la survivance de ce droit originel du pouvoir séculier. Cette caractéristique se prolonge dans l'histoire récente de la communauté grecque de Venise, qui vit sous la protection du pouvoir séculier : après les pontificats de Léon X et Clément VII, qui ont accordé des concessions aux grecs, et face à la pression assimilationniste initiée par la nonciature Facchinetti, le doge Nicolò da Ponte écrit le 20 août 1578 aux recteurs vénitiens de Crète pour garantir le rite grec et ses prérogatives. Les grecs appliquent quant à eux la ligne politique vénitienne : le clergé orthodoxe n'a pas d'inquisition, il accepte le jugement des tribunaux civils et il reçoit la collation laïque des bénéfices, tandis que les fidèles de rite grec présents sur le territoire s'adressent à l'*Avogaria di comun* pour les affaires matrimoniales et vivent ensemble avant le mariage, pratiquant ainsi spontanément certaines des coutumes vénitiennes révoquées par le Concile de Trente[16]. Le nonce Alberto Bolognetti ajoute d'ailleurs que « ils considèrent comme licites beaucoup de choses qui devraient être absolument interdites, comme le divorce, la simple fornication et l'usure[17] ».

---

15 P. Sarpi, *Consulti*, *op. cit.*, vol. 1, t. I, p. 282-283. Sur le caractère sacré de Venise et les conséquences politiques de cette conception, la bibliographie croît rapidement : on renvoie ici seulement à Prodi, Paolo, « Strutture e organizzazione della Chiesa di Venezia tra il XIV e il XVII secolo : ipotesi di ricerca », *Atti dell'Accademia delle Scienze dell'Istituto di Bologna*, vol. 61, 1970-1971, p. 161-196 ; Wright, Anthony, « The Venetian View of Church and State. Catholic Erastianism ? », *Studi secenteschi*, nº 19, 1978, p. 75-106 ; Muir, Edward, *Civic Ritual in Renaissance Venice*, Princeton, Princeton University Press, 1981. Pour les implications culturelles et philosophiques de ce problème, voir Sacerdoti, Gilberto, *Sacrificio e sovranità. Teologia e politica nell'Europa di Shakespeare e Bruno*, Torino, Einaudi, 2002, p. 241-273.

16 Fedalto, Giorgio, *Ricerche storiche sulla posizione giuridica ed ecclesiastica dei greci a Venezia nei secoli XV e XVI*, Firenze, Olschki, 1967, p. 88-102.

17 Stella, Aldo, *Chiesa e Stato nelle relazioni dei nunzi pontifici a Venezia. Ricerche sul giurisdizionalismo veneziano dal XVI al XVIII secolo*, Città del Vaticano, Edizioni della Biblioteca apostolica vaticana, 1964, p. 304 ; voir aussi V. Frajese, *Sarpi scettico*, *op. cit.*, p. 368.

Ces considérations ont attiré l'attention de Sarpi non seulement sur la tolérance mais aussi sur la valorisation de l'Église grecque et l'ont rendu par conséquent totalement hostile à la politique romaine d'assimilation, entreprise avec une énergie renouvelée par le nonce Giovanni Antonio Facchinetti à partir des années 1570. Toujours pendant l'Interdit, dans un avis de janvier 1607 visant à alerter le Sénat sur l'incompatibilité entre l'approche canonique et les coutumes juridiques de l'État vénitien, Sarpi énumère parmi les « prétentions » romaines inacceptables et dangereuses que « il n'est pas licite d'accorder des églises aux grecs s'ils ne professent pas la religion romaine[18] ». Défendre la minorité grecque et la montrer en exemple à l'Église latine est donc une seule et même chose. Ainsi, en septembre 1609, lorsque l'inquisiteur de Padoue, Zaccaria Orioli de Ravenne, demande à pouvoir juger les deux étudiants grecs Matteo Vretto et Luca Quartaro pour avoir aidé Alvise Maffei à s'échapper de la prison ecclésiastique de Padoue, Sarpi répond en déclarant que l'Inquisition n'a aucune juridiction sur les grecs et que « seuls les fidèles sont soumis à l'autorité spirituelle de l'Église ». Or les grecs ne doivent pas être considérés comme tels parce qu'ils s'en détachent non pas individuellement mais en tant que corps avec tout leur clergé : « leurs prélats ne reconnaissent pas le pape ». Mais la protection des grecs face à l'Inquisition se transforme en une proposition positive lorsque le statut qui leur est accordé devient un modèle pour toute la communauté latine :

> En pratique, les grecs sont par conséquent soumis aux magistrats pour les affaires temporelles et à leurs prélats pour les affaires spirituelles ; en cas de manquement à la foi chrétienne, même dans les cas où ils sont d'accord avec nous, en l'absence de scandale on a laissé faire leurs prêtres ; en cas de scandale, ils ont été punis par le juge temporel. C'est donc une juste manière de faire, qu'il faut observer et pratiquer à l'avenir, en ne permettant pas que l'Inquisition ne poursuive jamais ni les Juifs, les Sarrasins, les Marranes ou d'autres infidèles de quelque manière que ce soit ; et encore moins les chrétiens grecs, égyptiens, arméniens ou d'autres nations qui ne reconnaissent pas la curie romaine et sont soumis à leurs propres prélats[19].

Un tel modèle aurait entraîné l'abolition des tribunaux de l'Inquisition et leur remplacement par une magistrature civile telle que les *Esecutori contro la bestemmia* (Exécuteurs contre le blasphème), visant à protéger

18 P. Sarpi, *Consulti*, *op. cit.*, vol. 1, « Le pretensioni degli ecclesiastici », p. 487.

19 *Ibidem.*

l'espace public des actes, y compris langagiers, contre la foi publique. Le résultat aurait été de dépénaliser ce que le droit canon appelait le « tribunal de la conscience », c'est-à-dire la pensée et les convictions intimes, y compris leur manifestation dans un cadre domestique et dans le comportement privé. Une telle solution aurait donc précisément autorisé Sarpi à rédiger ses idées dans des manuscrits, à exercer sa *libertas philosophandi* dans des cénacles restreints réunis dans des lieux privés et, selon Graziani, à pratiquer l'amour qu'il considérait licite et sans conséquence sous une forme strictement privée et donc non scandaleuse.

LES *ESECUTORI CONTRO LA BESTEMMIA*

Dans les dernières années de sa vie, Sarpi réitère cette proposition visant à abolir le tribunal d'Inquisition. Interrogé en octobre 1622 sur la nomination d'un nouvel inquisiteur à Venise, il relève que :

> La gouvernance de la République Sérénissime n'a pas un besoin urgent qu'un inquisiteur arrive si vite à Venise. Grâce à Dieu, il n'y a pas d'hérétiques dans cette ville et cela fait plusieurs décennies qu'on n'a pas vu de procès pour hérésie formelle, tout au plus pour quelque débordement langagier de la part de certains qui n'ont pas parlé de religion avec la révérence et l'intelligence appropriées, et pour quelques affaires de philtres et de sorcellerie qui relèvent du patriarche pour le spirituel et [des Exécuteurs contre le] blasphème pour le temporel, et peuvent donc être confiées à ces tribunaux si besoin[20].

La question grecque revient donc : l'Inquisition peut être abolie en séparant son autorité civile, qui protège l'espace public des infractions verbales ou des pratiques impies par des moyens pénaux, de son autorité ecclésiastique, chargée de contrôler la conscience des volontaires par la persuasion morale. La formule est donc toujours la même et découle de la convergence de trois conditions : l'exigence, considérée comme nécessaire, de protéger la foi officielle des offenses et des critiques publiques ; la volonté de faire de l'autorité politique la seule détentrice du pouvoir

20 Sarpi, Paolo, *Gli ultimi consulti (1621-1623)*, édition critique par Gaetano et Luisa Cozzi, Torino, Einaudi, 1969, p. 46.

pénal et, enfin, l'intention de limiter la « coercition » en matière de religion aux actes publics. Cette division des compétences réduit en effet les pouvoirs qui pèsent sur l'individu, car l'autorité civile ne s'occupe ni de la conscience ni de l'espace domestique qui restent donc dépénalisés. La somme de ces deux nouvelles juridictions fait donc quelque chose de moins que l'ancienne Inquisition.

Sarpi aurait voulu que l'Inquisition soit remplacée par la magistrature des *Esecutori contro la bestemmia*, or le modèle qu'elle constitue au sein du projet de libéralisation qui a succédé à la tentative de schisme jamais vraiment esquissé est du plus grand intérêt. Ces *Esecutori* sont une branche du Conseil des Dix, formée en 1537 lorsqu'il est établi que, sous le contrôle des Dix, trois « gentilshommes de premier ordre » devaient être affectés à l'*orrendo peccato* : « ils feront exécuter et juger seulement les affaires qui relèvent du blasphème, avec autant de légitimité que si cela avait été fait par ce Conseil lui-même[21] ». Cette création s'est accompagnée d'une série de décrets émis par les *Provveditori alla Sanità*, le premier le 23 septembre 1493, repris en 1505, 1522, 1535, 1545 et 1612, interdisant aux bateliers d'emmener à Venise « voyous, quémandeurs et mendiants[22] ». Le 10 avril 1524, les mêmes *Provveditori alla Sanità* décrètent que « il est interdit aux aubergistes et autres personnes de loger des étrangers sans la permission du magistrat[23] ». Le 12 octobre 1525, les *Provveditori* ordonnent que « quiconque héberge des fripons, des canailles et des mendiants sera fouetté du Rialto à Saint-Marc[24] » et le 5 juillet 1541 que « il est interdit à quiconque, y compris à la connaissance du magistrat, d'héberger des prostituées, etc., seuls les honnêtes gens peuvent obtenir une autorisation[25] ». Le 15 novembre 1542, les mêmes *Provveditori* réitèrent que « personne ne peut loger les mendiants étrangers », tandis que le 9 août 1596, ils interdisent de loger les mendiants sans l'approbation expresse du magistrat. Cet ensemble de mesures prises par la *Sanità* se mêle aux prérogatives des

21 V. Frajese, « L'evoluzione degli Esecutori contro la Bestemmia a Venezia in età moderna », *Il vincolo del giuramento e il tribunale della coscienza*, éd. N. Pirillo, Bologna, Il Mulino, 1997, p. 177-178.

22 Vanzan Marchini, Nelli-Elena (éd.), *Le leggi di sanità nella Repubblica di Venezia*, Venezia, Canova, 1995, vol. 1, p. 261-264.

23 *Ibid.*, p. 143.

24 *Ibid.*, p. 143.

25 *Ibid.*, p. 144.

Esecutori et donne naissance à une police des mœurs originale et efficace. Deux ans seulement après l'institution des *Esecutori*, le 26 avril 1539, le Conseil des Dix déclare avec sang-froid que le blasphème « a quasiment disparu » afin de permettre une réorientation de cette magistrature ; selon ce décret « on peut dire que ces tavernes (*ridotti*) qui sont appelées gargotes (*bettole*) sont liées à cela, voire davantage, car il y a dans ces gargotes, outre le blasphème, beaucoup d'autres péchés énormes et détestables en rapport avec le jeu[26] ». Il fallait donc confier aux *Esecutori* la juridiction sur les auberges et les *ridotti* patriciens où l'on s'adonne aussi aux jeux de hasard. Deux ans plus tard, le 23 décembre 1541, les *Esecutori* se voient confier les affaires d'actes de violence près des lieux sacrés et le 12 février 1543 ils sont chargés de faire respecter la loi sur les impressions dépourvues de licence[27]. Le développement de leurs prérogatives de police se poursuit le 13 juillet 1578, lorsque le Conseil des Dix relève que les prostituées ont pour habitude d'attirer les clients dans des gondoles habillées en homme et il en confie la répression aux *Esecutori*. Le 30 juin 1615, les Dix reprennent ce dossier pour leur interdire de circuler en gondole « masquées ou sans masque ». Il est également interdit aux prostituées de se mêler à la société civile, en particulier aux patriciens, de participer à des fêtes ou à des banquets de mariage et de s'habiller de manière luxueuse ; là encore, l'application de ces dispositions est confiée aux *Esecutori*. Le 27 août 1577, le Conseil des Dix confie également aux *Esecutori* la mission de contrôler et sanctionner la « défloration avec promesse de mariage » : il s'agit de protéger l'honneur féminin contre le risque de séduction consistant à célébrer des unions selon l'ancien rite *per verba de praesenti* ou *de futuro*, puis à en invoquer la nullité au nom de l'absence des conditions canoniques fixées par le Concile de Trente. Enfin, le 24 décembre 1583, un bureau est installé chez les *Esecutori* pour enregistrer les étrangers présents en ville. Ce bureau entraîne une évolution de cette magistrature, qui fait alors face à une tâche d'une toute autre ampleur justifiant l'agrandissement des locaux et le recrutement de nouveau personnel à cet effet.

26 ASVen, *Esecutori contro la Bestemmia*, 54, *Ridotti*, f. 5v ; V. Frajese, « L'evoluzione degli Esecutori », art. cité, p. 184-185.

27 *Ibid.*, p. 187.

LA CATÉGORIE JURIDIQUE DU SCANDALE

Cet ensemble de dispositions a transformé une magistrature née d'une préoccupation religieuse en une police des mœurs visant à contrôler les jeux de hasard, la violence patricienne, les tavernes, la prostitution, la séduction trompeuse et l'immigration urbaine, ainsi que les blasphèmes répétés et faisant scandale en public. Le pivot juridique autour duquel cette transformation s'articule est la catégorie du « scandale » issue du droit romain[28]. C'est cette formulation qui a favorisé l'évolution d'une magistrature si précisément religieuse vers une magistrature policière compétente pour les cas de « mauvaise vie » (*mala vita*), selon l'expression qui devient de plus en plus fréquente au cours du XVIIe siècle. Comme l'a observé Renzo Derosas, les *Esecutori contro la bestemmia* poursuivaient le blasphème proféré en public et qui provoquait donc un « scandale », à savoir une perturbation de l'ordre public résultant d'un comportement indiscipliné. Les cas cités par Derosas illustrent bien les critères appliqués par les *Esecutori :* un solliciteur de palais, Alamante Nazzari, accusé d'avoir eu une liaison avec une femme juive qu'il aurait emmenée vivre hors du ghetto, est acquitté pour avoir commis ces actes discrètement et sans susciter de « scandale » auprès des voisins. Cette femme n'avait en effet quitté la maison qu'une seule fois, masquée, au moment du carnaval. Dans une autre affaire, une prostituée de Messine, Chiara Rossi Colossi, accusée de s'être déguisée en noble pour exercer son métier, a été acquittée lorsque plusieurs témoins l'ont décrite comme une personne religieuse,

28 Sur l'usage de la catégorie de « scandale » en France, voir De Wald, Jonathan, *The Formation of a Provincial Nobility. The Magistrates of the Parlement of Rouen, 1499-1610*, Princeton, Princeton University Press, 1980 ; pour ses différents profils juridiques voir Brambilla, Elena, *Alle origini del Sant'Uffizio. Penitenza, confessione e giustizia spirituale dal medioevo al XVI secolo*, Bologna, Il Mulino, 2000, p. 411-413, qui souligne la signification beaucoup plus large et « libérale » du critère de « scandale » en France par rapport à Venise où il tendait à coïncider avec la catégorie canonique du « péché public » et donc à inclure tout comportement et toute manifestation publique de la pensée. Malgré ces limites de la catégorie de « scandale » chez les tribunaux vénitiens, elle aurait dû tout de même maintenir une fonction de libéralisation dans le cas où elle aurait été accompagnée – selon la proposition de Sarpi – de l'abolition de l'Inquisition, puisque cela aurait dépénalisé la pensée et le comportement dans la sphère privée.

ne suscitant ni « scandale » ni trouble pour les voisins[29]. Cette clause est aussi entrée dans les codifications juridiques et a pris une importance officielle dans la jurisprudence vénitienne, comme le montre la *Prattica criminale secondo il rito delle leggi della Serenissima Repubblica di Venetia* de Lorenzo Priori, dans laquelle le blasphème est défini comme « d'autant plus grave et scélérat qu'il est commis publiquement et ouvertement et qu'il scandalise les personnes[30] ».

La proposition faite par Sarpi dans les avis qu'on a évoqués était donc de traiter le crime d'hérésie sur le modèle du blasphème, en le confiant à une police des mœurs. L'exemple juridique de cette mesure venait de France, où la propagation du calvinisme avait été traitée en 1539 par l'ordonnance royale de Villers-Cotterêts, qui introduisait une distinction entre une « hérésie simple », relative aux matières *pures spirituelles* relevant du tribunal épiscopal, et un délit commis « avec scandale », relevant des Parlements, c'est-à-dire des cours royales. L'édit de Fontainebleau reprend ce concept en 1540, en distinguant à nouveau l'hérésie simple jugée par les tribunaux épiscopaux et le délit commis avec « scandalle publique » ou « offence publique » jugé par les cours royales[31]. L'édit de Chateaubriant, émis par la Couronne le 27 juin 1551, confirme définitivement ce critère en établissant la compétence des Parlements sur le crime d'hérésie. Cette étape importante ne sanctionne pas un simple transfert de compétence du magistrat ecclésiastique au magistrat laïc mais introduit un changement dans la nature de l'infraction. Ce nouveau système français se définit en effet par deux caractéristiques : les Parlements prennent des mesures pénales contre les actes extérieurs et publics, excluant de leur compétence les délits spirituels et la conviction personnelle ; par conséquent, leur procédure ne comprend pas le délai de grâce, typique des tribunaux d'Inquisition, pendant lequel l'aveu spontané accompagné de la dénonciation des complices entraîne le pardon. En d'autres termes, les Parlements de France poursuivent en

29 Derosas, Renzo, « Moralità e giustizia a Venezia nel '500 e '600. Gli Esecutori contro la Bestemmia », éd. G. Cozzi, *Stato, società e giustizia nella Repubblica veneta (secoli XV-XVIII)*, Roma, Jouvence, 1980, p. 459-460.

30 Priori, Lorenzo, *Prattica criminale secondo il rito delle leggi della Serenissima Repubblica di Venetia*, Venezia, 1644, p. 126, cité par R. Derosas, « Moralità e giustizia a Venezia nel '500-'600 », art. cité, p. 459-460 ; sur les *Esecutori* voir aussi V. Frajese, « L'evoluzione degli Esecutori », art. cité, p. 171-211, 459.

31 E. Brambilla, *Alle origini del Sant'Uffizio*, *op. cit.*, p. 412.

justice les actes et non les pensées, qui sont laissées à la confession des prêtres et des évêques. D'autre part, l'administration royale distingue clairement les questions de conscience relatives à la foi et au dogme des questions d'ordre politique, concernant la fiscalité, la propriété et la police ecclésiastique, faisant ainsi évoluer la distinction ecclésiastique entre temporel et spirituel vers la séparation entre tribunal extérieur et intérieur. Ces particularités ont eu pour effet de dépénaliser la conscience intime et l'espace domestique, introduisant ainsi la marge de liberté qui a fait la différence entre la France et l'Italie non vénitienne au XVIIe siècle. Le fait que la devise inventée par Cesare Cremonini, philosophe et professeur averroïste de Padoue, « *intus ut licet, foris ut moris est* », ait été exportée en France par son élève Gabriel Naudé et ait trouvé un écho dans le mouvement libertin français, reflète donc une affinité structurelle entre les situations politiques et religieuses des deux États. Quand le médecin « libertin » Guy Patin recommande à son fils : « s'il y a quelque chose dans l'exercice extérieur de la religion qui ne vous plaît pas, n'en dites pas un mot, cachez votre mécontentement et n'en parlez pas du tout. Croyez ce que vous devez croire et laissez le reste de côté sans susciter de scandale. *Intus ut libet, foris ut moris est* : pratiquez cette belle maxime italienne[32] », il s'insère dans ce contexte normatif et témoigne des affinités qui existaient dans ces années-là entre Venise et la France, au-delà de la différence insurmontable que constituait la présence de l'Inquisition dans les territoires vénitiens[33]. À leur tour, les rapports d'Antonio Bonfini puis de Giovan Francesco Graziani se font l'écho de cette mentalité lorsqu'ils écrivent « maître Paolo aime faire les choses en secret ».

32 Publié par Pintard, René, *Le Libertinage érudit dans la première moitié du XVIIe siècle* [1943], Genève, 1983, p. 64-65 ; cité par Paganini, Gianni, *Filosofie clandestine*, Bari, Laterza, 2005, p. 7-8.

33 Sur l'expression de Cremonini et son passage en France, voir Muir, Edward, *Guerre culturali. Libertinismo e religione alla fine del Rinascimento*, Bari, Laterza, 2008, p. 54-55 ; voir aussi Bosco, Domenico, « Cremonini e le origini del libertinismo », *Rivista di Filosofia neoscolastica*, n° 81, 1989, p. 252. Sur le libertinage, voir Cavaillé, Jean-Pierre, *Les Déniaisés. Irréligion et libertinage au début de l'époque moderne*, Paris, Classiques Garnier, 2013.

À L'INTÉRIEUR DU TRIBUNAL

Mais la classe dirigeante vénitienne – le patriciat des grands conseils – n'a pas envisagé d'abolir les tribunaux d'Inquisition sur son territoire, que ce soit pendant ou après 1606-1609, les trois années protestantes. Le modèle gallican n'a pas été pleinement adopté, ce qui a obligé Sarpi à agir dans le cadre de la discipline imposée aux tribunaux d'Inquisition par l'accord de 1551. Dans ce contexte, il a travaillé dans trois directions. Premièrement, il cherche à réduire la compétence des tribunaux aux seuls cas d'hérésie, en écartant de leur juridiction tous les cas qui s'y étaient ajoutés au fil du temps comme la magie, la sorcellerie, la superstition, la bigamie et le blasphème : le cas de l'homosexualité « hérétique » n'est jamais mentionné dans ses avis, probablement parce qu'il n'a jamais été confié aux tribunaux d'Inquisition vénitiens. Par son silence, Sarpi souligne que, sur le territoire vénitien, les cas d'homosexualité relèvent indiscutablement du civil et ne doivent même pas être mentionnés parmi les cas de contentieux. Comme on l'a vu, le peu que l'on sait de l'activité de l'Inquisition à cet égard semble confirmer cet état de fait à Venise et se limite à de rares épisodes dans les villes dominées. Deuxièmement, il insiste sur la présence d'assistants laïcs à chaque étape des procès. Troisièmement, il s'efforce de maintenir le statut de tribunal délégué par le souverain politique des inquisitions présentes sur le territoire.

Dans l'avis *Sopra le patenti delli padri inquisitori di Ceneda e Cividal di Belluno e consideratione delle cose da avvertire nell'ingresso degl'inquisitori* du 3 août 1609, le *consultore in iure* souligne la nécessité de la présence d'assistants laïcs, en tant que droit lié à la souveraineté de la République, et il insiste à nouveau sur ce thème dans l'avis *In materia di essecuzione fatta dall'Inquisitor di Brescia senza saputa delli rettori*, présenté en août 1613[34]. Mais toutes ses considérations concernant le fonctionnement des tribunaux sont exposées dans un long avis remis au Sénat le 18 novembre 1613 visant à systématiser l'approche de ces questions. L'avis est organisé en deux parties : la première est normative et a pour but de définir les règles du tribunal, la seconde est historique et entend déterminer la

34 Sarpi, Paolo, *Sopra l'Officio dell'Inquisizione*, éd. critique par Corrado Pin, Venezia, Istituto veneto di Scienze, Lettere ed Arti, 2018, p. 51.

légitimité des normes énoncées dans la première partie. Dans la partie normative, Sarpi exclut la compétence des tribunaux d'Inquisition pour les cas de « sortilèges ou divination », « philtres, sorcellerie, enchantements et maléfices », « blasphème habituel », « prendre deux épouses », « usure » ainsi que les poursuites

> [...] contre les Juifs ou tout autre type d'infidèles de n'importe quelle secte pour des accusations de crimes commis en paroles ou en actes. Et si l'Inquisition est informée que l'un d'eux a dit un blasphème contre notre sainte foi, ou a séduit un chrétien, ou suscité un scandale quelconque, les ecclésiastiques devront se tourner vers un magistrat séculier qui les punira sévèrement en fonction de la gravité du crime. [...] De même, [les gouvernants] ne devront pas permettre que l'Office d'Inquisition poursuive quelqu'un d'une nation chrétienne, qui vit toute entière avec des rites différents des nôtres et qui est gouvernée par ses propres prélats, comme les grecs et autres, y compris si l'accusation porte sur des articles défendus aussi par eux ; et si le clergé est informé qu'un scandale a été causé par l'un d'eux, il faudra qu'il se tourne vers le magistrat séculier[35].

Cette règle reprend les principes exposés en 1609 à l'occasion de l'avis sur les grecs, repris ensuite dans un autre avis portant sur le renouvellement de l'inquisiteur de Venise en octobre 1622. La seule différence entre ces deux avis est le maintien de la prééminence des tribunaux d'Inquisition sur le for intérieur des membres de l'église majoritaire, concédée dans l'avis de 1613 dans les affaires d'hérésie formelle. Il s'agissait cependant d'un cas qui ne pouvait bien sûr pas être aboli si l'on décidait de sauver les tribunaux d'Inquisition. Dans tous les autres cas, Sarpi défend plutôt la compétence des tribunaux laïcs, favorisant ainsi une large laïcisation de la juridiction vénitienne dans les affaires inquisitoriales.

Cette opération de régulation de l'Inquisition présuppose évidemment un pouvoir de l'autorité politique sur les tribunaux d'Inquisition du territoire vénitien, ce qui implique une souveraineté de Venise sur ces tribunaux. Sans cela, l'avis du 18 novembre aurait été entièrement illégitime et la question aurait dû être renvoyée à une négociation avec Rome. Dans la démonstration historique de la légitimité de son discours, Sarpi soutient donc que :

> L'Office de l'Hérésie sur le territoire ne dépend pas de la curie romaine, mais il est propre à la République Sérénissime, indépendant, érigé et constitué par

35 *Ibid.*, p. 164-165.

> celle-ci et établi par contrat et en accord avec le Siège Apostolique ; il doit donc se gouverner avec ses propres coutumes et ordonnances, sans obligation de recevoir des ordres d'ailleurs[36].

Bien qu'appuyée sur des faits historiques, cette déclaration est normative et fonde le pouvoir réglementaire du Sénat en matière d'Inquisition, c'est-à-dire la légitimité de l'avis lui-même. Tout comme dans les cas d'exemption ecclésiastique du tribunal civil, elle n'implique pas l'exercice mais plutôt la réserve souveraine sur la délégation. En d'autres termes, ce principe n'implique pas que le tribunal soit mixte mais que l'autorité politique ait la capacité de réglementer son exercice.

36 *Ibid.*, p. 187.

CONCLUSION

Qu'avons-nous voulu démontrer dans ces pages ? Que la distance de certains membres de l' « académie » de Paolo Sarpi par rapport à la culture de la Contre-Réforme était une affaire qui concernait toute leur personne et que le point de vue à partir duquel ils examinaient les catégories de la morale les amenait à critiquer le concept de « nature » comme loi naturelle, au profit d'une conception de la nature comme constitution individuelle. Il est probable que la condition exceptionnelle de ces hommes et la stigmatisation sociale que suscitaient leurs penchants les ont amenés à réfléchir avec plus d'intensité que d'autres à la notion d'individu. Par leur stratégie de barrage à l'Inquisition romaine et de cohabitation avec l'État confessionnel, ils ont pratiqué le secret afin de créer un espace privé libéré du contrôle du pouvoir – en l'occurrence largement ecclésiastique – ou, selon l'expression employée par Foucault à propos des Lumières, pour être un peu moins gouvernés. Cette dimension privée et secrète ne pouvait pas échapper à l'inspection du pouvoir romain et elle fut d'ailleurs largement infiltrée par les espions de Scipione Borghese, puis dénoncée directement et en détail à Paul V. C'est pourtant là que Sarpi, Micanzio et probablement le doge lui-même se livraient à des échanges intellectuels plus libres et à la pratique d'une forme d'amour strictement interdite. Ce fonctionnement ainsi esquissé semble correspondre à ce que décrit Reinhart Koselleck dans son livre sur les origines des Lumières : l'absolutisme a mis fin aux guerres de religions en imposant une division claire entre l'intérieur et l'extérieur, reléguant alors la conscience critique et le libre arbitre à la sphère privée ; cette scission entre privé et public constitue ainsi la base à partir de laquelle se développe la raison des Lumières. « L'intelligentsia bourgeoise, écrit Koselleck, émerge précisément dans cet espace intérieur privé où l'État avait relégué ses sujets. Chaque pas vers l'extérieur est un pas vers la lumière, un acte d'illumination. Les Lumières ont commencé leur marche triomphale au moment même où l'espace intérieur privé s'est élargi jusqu'à devenir public[1] ». C'est ce même phénomène qui est décrit par Jürgen Habermas dans sa définition de l'opinion publique comme étant le jugement d'individus privés qui, par le biais de journaux légèrement moins contrôlés, exercent leur propre censure publique de l'action gouvernementale. L'histoire racontée dans ces pages s'inscrit bien dans ce système mais y ajoute une forme d'élitisme qui lui est inconnue : cantonné à la sphère privée moins par l'État absolu que par l'État clérical confessionnel, Sarpi tenait une académie secrète et écrivait ce qu'il pensait en privé, en laissant des manuscrits derrière lui. Sa pensée naturelle, physique et mathématique aspirait certainement par sa nature même à la publicité que lui refusaient les contingences de l'Inquisition. Dans son expérience, il y avait cependant des niveaux, comme l'amour homophile, qu'il destinait à une inévitable existence secrète parce qu'ils étaient structurellement exceptionnels : violer la loi commune était exclusivement réservé à quelques-uns et était donc, comme l'écrivait Rocco, un « mystère » incommunicable à l'universalité du public. Le schéma juridique proposé dans les avis était en fait mis en pratique par Sarpi lorsqu'il exposait sa pensée dans des manuscrits probablement discutés dans un cercle secret – l' « académie » dénoncée par Antonio Possevino et Angelo Badoer – et lorsqu'il pratiquait l'amour homosexuel de manière strictement privée et donc sans « scandale » de l'opinion commune. Il a donc mis en pratique ce qu'il a élevé au rang de théorie et il a œuvré au niveau politique pour introduire les conditions juridiques nécessaires à sa légalisation.

Dans son étude sur la pédérastie philosophique, Hans Kelsen a décrit la dynamique culturelle de l'éros homosexuel comme suit :

> La conscience d'être « différent des autres » conduit à un isolement douloureux, puis à une hostilité à l'égard de cette société intolérante qui non seulement méprise cette forme particulière d'éros, mais confie généralement à l'État la tâche de punir ses manifestations [...]. Pour que la société ne sombre pas et ne cesse pas d'exister, l'éros homosexuel doit donc rester une exception et ne pas devenir une règle. Dans le cas contraire, il faudrait postuler un schéma social fondé non pas sur l'égalité, mais sur l'inégalité de droit, car seul un droit spécial pourrait garantir une position spéciale à cette minorité qui, contrairement aux autres, pour surmonter son sentiment de culpabilité et adopter une attitude positive envers la société, a besoin de se sentir meilleure

1 Koselleck, Reinhart, *Critica illuminista e crisi della società borghese*, Bologna, Il Mulino, 1972, p. 69.

> et de se considérer comme plus importante que la masse. Compte tenu de l'inégalité radicale qu'elle proclame par son existence même, aux yeux de l'éros homosexuel rien ne peut paraître plus odieux, plus contre-nature et plus injuste que l'égalité démocratique[2].

Certaines des caractéristiques esquissées dans ce passage correspondent au comportement de Sarpi qui vivait certainement en retrait, contestant le pouvoir normatif et total – de l'Église en l'occurrence – et qui a certainement eu conscience de ses capacités, avec le désir de peser sur la sphère politique. Sa conception du pouvoir était d'ailleurs courante à son époque, à savoir une conception élitiste basée sur les principes des *arcana imperii*. La réflexion qu'il associe à son action politique semble toutefois plus sophistiquée que celle décrite par Kelsen et elle s'oriente sur la voie qui mène de l'individualité de la « complexion » personnelle à l'autogestion du sage qu'il faut laisser se déployer à l'abri du conformisme public.

En fait, l'histoire que nous avons tenté de reconstituer part du rapport présenté par l'agresseur, le frère Giovan Francesco Graziani, à Paul V afin de justifier son comportement lors de sa mission à Venise. La situation paradoxale dans laquelle s'est retrouvé ce rapport est due au fait que le frère y accuse, avec une indignation particulière, Sarpi et Micanzio de cultiver un « vice infâme » également partagé par son commanditaire et son agent de liaison. Cette condition est cependant vécue de manière complètement différente par les deux groupes intellectuels qui s'affrontent pendant la crise romano-vénitienne, car les Vénitiens réfléchissent à leur condition en repensant le concept de moralité et en travaillant concrètement à dépénaliser l'homosexualité, tandis que le groupe romain la subit sans la repenser et sans rien faire pour la légitimer. Les Vénitiens pensent et agissent ; les membres de la curie romaine vivent leur condition et la subissent. Scipione Borghese fait cependant lui aussi quelque chose : il donne une forme artistique à sa pensée en monumentalisant son désir sous la forme d'une intrigante sculpture gréco-romaine. Soumis à l'interdiction de parler et d'agir, il s'exprime par l'objectivation artistique.

---

2 Kelsen, Hans, *L'amor platonico*, Bologna, Il Mulino, 1985, p. 52.

ANNEXE

Titres originaux des ouvrages de la « guerre des écritures » mentionnés dans l'introduction :

Risposta di un dottore in theologia alla lettera scrittagli da un Reverendo suo amico sopra il Breve di censura della Santità di papa Paolo V publicato contra li Veneziani et sopra la nullità di dette censure cavata dalla sacra scrittura dalli santi Padri et dalli catholici dottori

Considerazioni sopra le censure della Santità di Papa Paolo V contro la Serenissima repubblica di Venezia

Trattato dell'Interdetto della Santità di Papa Paolo V

Risposta del cardinale Bellarmino ad un libretto intitolato Trattato e Risoluzione sopra la validità delle scomuniche di Giovanni Gersone theologo & Cancellier Parisino, tradotto dalla lingua Latina nella volgare con ogni fedeltà in opuscoli due

Risposta del cardinale Bellarmino ad una lettera senza nome d'autore sopra il Breve di censure della Santità di Paolo V pubblicate contro i signori venetiani

Risposta del cardinale Bellarmino al trattato dei sette teologi di Venezia sopra l'Interdetto di Sua Santità Paolo V

Trattato dell'Interdetto della Santità di papa Paolo V

Apologia per le oppositioni dell'illustrissimo e reverendissimo signor cardinale Bellarmino alli trattati e resolutioni di Giovanni Gersone sopra la validità delle scomuniche

Confirmatione delle considerationi del padre maestro Paolo di Venezia

BIBLIOGRAPHIE GÉNÉRALE

AL KALAK, Matteo, « Investigating the Inquisition : Controlling Sexuality and Social Control in Eighteenth-Century Italy », *Church History*, vol. 85, n° 3, 2016, p. 529-551.

AL SABBAGH, Luca, SANTARELLI, Daniele, SCHWEDT, Herman H., WEBER, Domizia, *I Giudici della Fede. L'Inquisizione romana e i suoi giudici in età moderna*, Firenze, Edizioni Clori, 2017.

ALFIERI Fernanda, « Impossibili unioni di uguali. L'amore fra donne nel discorso teologico e giuridico (secoli XVI-XVIII) », *Dimensioni e problemi della ricerca storica*, vol. 2, 2012, p. 105-125.

ALFIERI, Fernanda, LAGIOIA, Vincenzo (éd.), *Infami macchie. Sessualità maschili e indisciplina in età moderna*, Roma, Viella, 2018.

ALFIERI, Fernanda, *Nella camera degli sposi. Tomas Sanchez, il matrimonio, la sessualità*, Bologna, Il Mulino, Fondazione Bruno Kessler, Annali dell'Istituto di Trento, vol. 55, 2010.

BALDASSARRI, Marina, *Bande giovanili e "vizio nefando". Violenza e sessualità nella Roma barocca*, Roma, Viella, 2014.

BARTALINI, Roberto, *Le occasioni del Sodoma. Dalla Milano di Leonardo alla Roma di Raffaello*, Roma, Donzelli, 1996.

BENNASSAR, Bartolomé (éd.), *L'Inquisition espagnole (XVe-XIXe siècle)*, Paris, Hachette, 1979.

BENZONI, Gino, « I teologi minori dell'Interdetto », *Archivio veneto*, XCI, 1970, p. 31-108.

BERCO, Cristian, « Sexual Control and its Limits, Sodomy, Local sexual Economies and Inquisitors during Spain's Golden Age », *The Sixteenth Century Journal*, vol. 36, n° 2, 2005, p. 331-358.

BOSCO, Domenico, « Cremonini e le origini del libertinismo », *Rivista di filosofia neoscolastica*, n° 81, 1989, p. 248-256.

BOTTACIN, Francesca, « Marco Trevisan e Nicolò Barbarigo "amici eroi" nella ritrattistica veneta secentesca », *Studi veneziani*, vol. n. s. LXII, 2011, p. 469-481.

BOUWSMA, William J., *Venice and the Defence of Republican Liberty. Renaissance Values in the Age of the Counter Reformation*, Berkeley, University of California Press, 1968.

BRAMBILLA, Elena, *Alle origini del Sant'Uffizio. Penitenza, confessione e giustizia spirituale dal Medioevo al XVI secolo*, Bologna, Il Mulino, 2000.

BRAMBILLA, Elena, *La giustizia intollerante. Inquisizioni e tribunali confessionali in Europa (secoli IV-XVIII)*, Roma, Carocci, 2006.

BRANCHESI, Pacifico M., « Paolo Sarpi prima della vita pubblica », *Ripensando Paolo Sarpi : atti del convegno internazionale di studi nel 450° anniversario della nascita di Paolo Sarpi*, éd. C. Pin, Venezia, Ateneo veneto, 2006, p. 45-73.

BRAY, Alan, *Homosexuality in Renaissance England*, New York, Columbia University Press, 1995.

CAMPBELL, Arabella G., *The Life of Fra Paolo Sarpi : Theologian and Consultor of State to the most Serene Republic of Venice and Author of the History of the Council of Trent*, London, Molini and Green, 1869.

CANOSA, Romano, *Sessualità e Inquisizione in Italia tra Cinquecento e Seicento*, Roma, Sapere, 2000.

CANTARELLA, Eva, *Secondo natura. La bisessualità nel mondo antico*, Roma, Editori Riuniti, 1988.

CARMINATI, Clizia, *Giovan Battista Marino tra inquisizione e censura*, Roma-Padova, Editrice Antenore, 2008.

CATTANEO, Massimo, « "Vizio nefando" e Inquisizione romana », *Diversità e minoranze nel Settecento*, éd. M. Formica et A. Postigliola, Roma, Edizioni di Storia e Letteratura, 2006, p. 55-77.

CAVAILLÉ, Jean-Pierre, « *Alcibiade enfant à l'école.* Clandestinité, irréligion et sodomie », *Tangence*, vol 81, 2006, p. 15-38.

CAVAILLÉ, Jean-Pierre, *Les Déniaisés. Irréligion et libertinage au début de l'époque moderne*, Paris, Classiques Garnier, 2013.

CECCHETTI, Bartolomeo, *La Repubblica di Venezia e la Corte di Roma nei rapporti della religione*, Venezia, Pietro Naratovich, vol. 1, 1874.

CERIANI SEBREGONDI, Giulia, « Un doge e il suo manifesto : il palazzo di Leonardo Donà alle Fondamenta Nuove a Venezia », *Annali di Architettura, Rivista del Centro internazionale di studi di Architettura Andrea Palladio di Vicenza*, n° 14, 2002, p. 230-235.

CORNET, Enrico, *Paolo V e la Repubblica veneta : giornale dal 22 ottobre 1605 – 9 giugno 1607*, Vienna, Libreria Tendle, 1859.

COZZI, Gaetano, « Fra Paolo Sarpi, l'anglicanesimo e la *Historia del Concilio Tridentino* », *Rivista storica italiana*, LXIII, 1956, p. 559-619.

COZZI, Gaetano, « Sulla morte di fra Paolo Sarpi », *Miscelllanea in onore di Roberto Cessi*, Roma, Edizioni di storia e letteratura, 1958, vol. 2, p. 387-396.

COZZI, Gaetano, « Traiano Boccalini, il cardinal Borghese e la Spagna, secondo le riferte di un confidente degli Inquisitori di stato », *Rivista storica italiana*, LXIII, 1956, p. 230-254.

Cozzi, Gaetano, « Una vicenda della Venezia barocca : Marco Trevisan e la sua "eroica amicizia" », *Bollettino dell'istituto di storia della società e dello stato veneziano*, vol. 2, 1960, p. 61-154.

Cozzi, Gaetano, *Il doge Nicolò Contarini : ricerche sul patriziato veneziano agli inizi del Seicento*, Venezia-Roma, Istituto per la collaborazione culturale, 1958.

Cozzi, Gaetano, *Paolo Sarpi tra Venezia e l'Europa*, Torino, Einaudi, 1979.

Cozzi, Luisa, « La tradizione settecentesca dei Pensieri sarpiani », *Studi veneziani*, XIII, 1971, p. 393-448.

Da Pozzo, Giovanni, « Per il testo dei Pensieri del Sarpi », *Bollettino dell'Istituto di storia della società e dello stato veneziano*, vol. 3, 1961, p. 139-176.

Dall'Orto, Giovanni, « "Adora più presto un bel putto che Domeneddio". Il processo a un libertino omosessuale : Francesco Calcagno (1550) », *Sodoma*, nº 5, 1993, p. 43-55.

Dall'Orto, Giovanni, *Tutta un'altra storia. L'omosessualità dall'antichità al secondo dopoguerra*, Milano, Il Saggiatore, 2015.

Davis, James C., *Una famiglia veneziana e la conservazione della ricchezza. I Donà dal '500 al '900*, Roma, Jouvence, 1980.

De Magistris, Carlo Pio, *Per la storia del componimento della contesa tra la Repubblica veneta e Paolo V, 1605-1607. Documenti*, Torino, tip. G. Anfossi, 1941.

De Vivo, Filippo, *Patrizi, informatori, barbieri. Politica e comunicazione a Venezia nella prima età moderna*, Milano, Feltrinelli, 2012.

De Wald, Jonathan, *The Formation of a Provincial Nobility. The Magistrates of the Parlement of Rouen (1499-1610)*, Princeton, Princeton University Press, 1980.

Del Rosso, Giovanni, « Un medico del Seicento tra libertinismo veneto e Inquisizione », Mémoire de licence, Università degli studi di Trieste, Facoltà di lettere, 2010-2011.

Derosas, Renzo, « Moralità e giustizia a Venezia nel '500 e '600. Gli Esecutori contro la Bestemmia », *Stato, società e giustizia nella Repubblica veneta (secoli XV-XVIII)*, éd. G. Cozzi, Roma, Jouvence, 1980, p. 451-469.

Donà dalle Rose, Gianmaria, *L'antipapa veneziano. Vita del doge Leonardo Donà (1536-1612)*, Firenze, Giunti, 2019.

Fedalto, Giorgio, *Ricerche storiche sulla posizione giuridica ed ecclesiastica dei greci a Venezia nei secoli XV e XVI*, Firenze, Olschki, 1967.

Frajese, Vittorio, « "A Pensive Nun". Lettura dei *Pensieri medico-morali* di Paolo Sarpi », *Quaderni storici*, vol. 53, nº 2, 2018, p. 571-599.

Frajese, Vittorio, « Crisi di metodo o attenuazione ideologica ? Problemi della recente storiografia sarpiana », *Rivista storica italiana*, II, 2009, p. 267-291.

Frajese, Vittorio, « L'evoluzione degli *Esecutori contro la bestemmia* a Venezia in età moderna », *Il vincolo del giuramento e il tribunale della coscienza*, éd. N. Pirillo, Monografie dell'Istituto storico italo-germanico di Trento, vol. 47, Il Mulino, Bologna, 1997, p. 171-211.

FRAJESE, Vittorio, « La dissimulazione di scrittura. Metodi di aggiramento della censura in materia religiosa nell'Italia moderna », *Rivista di Storia del Cristianesimo*, II, 2012, p. 295-315.

FRAJESE, Vittorio, « La politica di Ludovico Zuccolo e l'ambiente sarpiano. Contributo all'interpretazione di testi pubblici dissimulati », *Il pensiero politico*, II, 1995, p. 151-178.

FRAJESE, Vittorio, « La selva *Arcana papatus* di proprietà di Andreas Colvius : per la storia della fortuna di Paolo Sarpi », *Dimensioni e problemi della ricerca storica*, vol. 1, 1992, p. 37-60.

FRAJESE, Vittorio, « La via greca allo stato moderno. Seviros e la politica ecclesiastica di Sarpi », *Gavriil Seviros, arcivescovo di Filadelfia a Venezia, e la sua epoca. Atti della giornata di studio dell'Istituto ellenico di studi bizantini e postbizantini di Venezia*, éd. D. G. Apostolopulos, Venezia, Istituto ellenico di studi bizantini e postbizantini di Venezia, 2004, p. 145-169.

FRAJESE, Vittorio, « Maimonide, il desiderio di immortalità e l'immagine di Dio. Problemi di interpretazione dell'insegnamento esoterico di Sarpi », *Ripensando Paolo Sarpi : atti del convegno internazionale di studi nel 450° anniversario della nascita di Paolo Sarpi*, éd. C. Pin, Venezia, Ateneo veneto, 2006, p. 153-182.

FRAJESE, Vittorio, « Sarpi e la tradizione scettica », *Studi storici*, IV, 1988, p. 1029-1051.

FRAJESE, Vittorio, « Sarpi interprete del *De la Sagesse* di Pierre Charron : i *Pensieri sulla religione* », *Studi veneziani*, XX, 1990, p. 39-61.

FRAJESE, Vittorio, « Savoir et tuer. Analyse d'un document controversé sur Paolo Sarpi gardé à la *British Library* », *XVIIe siècle*, n° 2, 2020, p. 209-235.

FRAJESE, Vittorio, « Struttura e significato dei *Pensieri sulla religione* di Paolo Sarpi », *Rivista storica italiana*, 2018, I, p. 44-73.

FRAJESE, Vittorio, « Visti da Roma. Sarpi e Micanzio nel triennio filoprotestante », *Nuova rivista storica*, vol. 53, n° 1, 2019, p. 173-201.

FRAJESE, Vittorio, *Sarpi scettico. Stato e Chiesa a Venezia tra Cinque e Seicento*, Il Mulino, Bologna, 1994.

GAETA, Franco, entrée « Angelo Badoer », *Dizionario biografico degli italiani*, Roma, Istituto dell'Enciclopedia Treccani, 1963. vol. 5, p. 99-101.

GOODICH, Michael, *The Unmentionable Vice. Homosexuality in the Later Medieval Period*, Santa Barbara, Ross-Erikson Publishers, 1979.

GRASSI, Umberto (éd.), *Le trasgressioni della carne. Il desiderio omosessuale nel mondo islamico e cristiano, sec. XII-XX*, Roma, Viella, 2015.

GRASSI, Umberto, « The Fall from Grace : Religious Skepticism and Sexuality in the Early Modern Mediterranean World », *Nathan and Jeanette Miller Center for historical Studies*, University of Maryland, communication du 8 mai 2020.

GRASSI, Umberto, « Ambiguous Boundaries. Sex crimes and Cross-Cultural Encounters in the Early Modern Mediterranean World », *Contacts on the Move. Toward a Redefinition of Christian-Islamic Interactions in the Early Modern Mediterranean and Beyond – Studi e materiali di storia delle religioni*, vol. 84, nº 2, 2018, p. 513-528.

GRASSI, Umberto, « Sex and Toleration : New Perspectives of Research on Religious Radical Dissent in Early Modern Italy », *Intellectual History Review*, vol. 29, nº 1, 2019, p. 129-144.

GRASSI, Umberto, *Sodoma. Persecuzioni, affetti, pratiche sociali (secoli V-XVIII)*, Roma, Carocci, 2019.

GUARAGNELLA, Pasquale, « Fulgenzio Micanzio biografo di fra Paolo Sarpi », *Ripensando Paolo Sarpi : atti del convegno internazionale di studi nel 450º anniversario della nascita di Paolo Sarpi*, éd. C. Pin, Venezia, Ateneo Veneto, 2006, p. 461-489.

KELSEN, Hans, *L'amor platonico*, Bologna, Il Mulino, 1985.

KOSELLECK, Reinhart, *Le règne de la critique* [1959], trad. fr. H. Hildebrand, Paris, Minuit, 1979.

MARCOCCI, Giuseppe, « Is this love ? Same-sex Marriages in Renaissance Rome », *Historical reflections*, vol. 41, nº 2, p. 37-52.

MARTINI, Gabriele, *Il "vitio nefando" nella Venezia del Seicento. Aspetti sociali e repressione di giustizia*, Roma, Jouvence, 1988.

MASETTI ZANNINI, Gian Ludovico, « Libri di fra Paolo Sarpi e notizie di altre biblioteche dei Servi (1599-1600) », *Studi storici dell'ordine dei Servi di Maria*, vol. 20, 1970, p. 174-202.

MENNELLA, Elio, *Il Santo Uffizio contro fra Paolo Sarpi dell'ordine dei Servi di Maria*, Roma, Bastogilibri, 2017.

MICANZIO, Fulgenzio, « Vita del padre Paolo », in SARPI Paolo, *Istoria del Concilio tridentino*, éd. critique par Corrado Vivanti, Torino, Einaudi, 1974, vol. 2, p. 1275-1413.

MUIR, Edward, *Civic Ritual in Renaissance Venice*, Princeton, Princeton University Press, 1981.

MUIR, Edward, *Guerre culturali. Libertinismo e religione alla fine del Rinascimento*, Roma-Bari, Laterza, 2008.

ORD SMITH, Melanie, « Venice and Rome in the Addresses and Dispatches of Sir Henry Wotton : First English Embassy to Venice, 1604-1610 », *The Seventeenth Century*, vol. 22, nº 1, 2007, p. 1-23.

PAGANINI, Gianni, *Filosofie clandestine*, Bari, Laterza, 2005.

PETROLINI, Chiara, « Un salvacondotto e un incendio. La morte di Fulgenzio Manfredi in una relazione del 1610 », *Bruniana e Campanelliana*, vol. 18, 2012, p. 161-185.

PIERGUIDI, Stefano, « Ermafrodito », *Bernini*, éd. A. Bacchi, A. Coliva, Milano, Officina libraria, 2017, p. 83-87.

PIN, Corrado, « Introduzione », in SARPI Paolo, *Sopra l'Officio dell'Inquisizione*, éd. critique par Corrado Pin, Venezia, Istituto veneto di Scienze Lettere ed Arti, 2018, p. 7-123.

PIN, Corrado, « Progetti e abbozzi sarpiani sul governo dello stato "in questi nostri tempi assai turbolenti" », in SARPI Paolo, *Della potestà de' prencipi*, éd. critique par Nina Cannizzaro, Venezia, Marsilio, 2006, p. 75-89.

PIN, Corrado, « Tra religione e politica : un codice di memorie di Paolo Sarpi », *Studi politici in onore di Luigi Firpo*, vol. 2, *Ricerche sui secoli XVII-XVIII*, éd. S. Rota Ghibaudi et F. Barcia, Milano, Franco Angeli, 1990, p. 153-161.

PINTARD, René, *Le libertinage érudit dans la première moitié du XVIIe siècle* [1943], Genève, Slatkine, 1983.

PIRRI, Pietro, « Come Paolo Sarpi non fu vescovo di Nona », *Civiltà cattolica*, 1936, vol. 4, p. 197-198.

PRETO, Paolo, *I servizi segreti di Venezia. Spionaggio e controspionaggio ai tempi della Serenissima*, Milano, Il Saggiatore, 2016.

PRODI, Paolo, « Strutture e organizzazione della Chiesa di Venezia tra il XIV e il XVII secolo : ipotesi di ricerca », *Atti dell'Accademia delle Scienze dell'Istituto di Bologna*, vol. 61, 1970-1971, p. 161-196.

RICCI, Saverio, *Davanti al Sant'Uffizio. Filosofi sotto processo*, Viterbo, Sette Città, 2009.

ROCCO, Antonio, *Alcibiade fanciullo a scuola*, éd. critique par Laura Coci, Roma, Salerno editrice, 2003.

ROMANIN, Samuele, *Storia documentata di Venezia (1600-1700)*, Venezia, Pietro Naratovich, 1848, vol. 2.

ROMEO, Giovanni. *L'Inquisizione nell'Italia moderna*, Roma-Bari, Laterza, 2002.

RUGGIERO, Guido, *The Boundaries of Eros. Sex Crime and Sexuality in Renaissance Venice*, New York-Oxford, Oxford University press, 1985.

SACERDOTI, Gilberto, *Sacrificio e sovranità. Teologia e politica nell'Europa di Shakespeare e Bruno*, Torino, Einaudi, 2002.

SACERDOTI, Gilberto, *Saggi libertini*, Macerata, Quodlibet, 2020.

SARPI, Paolo, *Consulti*, éd. critique par Corrado Pin, Pisa, Istituti editoriale e poligrafici, 2001, 2 vol.

SARPI, Paolo, *Lettere ai Gallicani*, éd. critique par Boris Ulianich, Franz Steiner Verlag, Wiesbaden, 1961.

SARPI, Paolo, *Lettere ai Protestanti*, éd. critique par Marco Duilio Busnelli, Bari, Laterza, 1931, 2 vol.

SARPI, Paolo, *Pensieri matematici, metafisici e matematici*, éd. critique par Luisa Cozzi et Libero Sosio, Milano-Napoli, Ricciardi, 1996.

SAVIO, Pietro, « Per l'epistolario di Paolo Sarpi », *Aevum*, X, 1936, p. 1-104.

SAVIO, Pietro, « Per l'epistolario di Paolo Sarpi », *Aevum*, XVI, 1942, p. 3-43.

SCARABELLO, Giovanni, « Devianza sessuale e interventi di giustizia a Venezia nella prima metà del XVI secolo », *Tiziano a Venezia*, Venezia, Neri pozza, 1980, p. 75-84.

SCARABELLO, Giovanni, « La pena del carcere. Aspetti della condizione carceraria a Venezia nei secoli XVI-XVIII : l'assistenza e l'associazionismo », *Stato, Società e Giustizia nella repubblica veneta (sec. XV-XVIII)*, éd. G. Cozzi, Roma, Jouvence, 1980, vol. 1, p. 317-376.

SCARAMELLA, Tommaso, *Un doge infame. Sodomia e nonconformismo sessuale a Venezia nel Settecento*, Venezia, Marsilio, 2021.

STELLA, Aldo, *Chiesa e Stato nelle relazioni dei nunzi pontifici a Venezia. Ricerche sul giurisdizionalismo veneziano dal XVI al XVIII secolo*, Edizioni della Biblioteca apostolica vaticana, Città del Vaticano, 1981.

TAUCCI, Raffaele, *Intorno alle lettere di fra Paolo Sarpi ad Antonio Foscarini*, Firenze, Tipografia Barbera, 1939.

TEDESCHI, John A., *The Prosecution of Heresy. Collected Studies on the Inquisition in Early Modern Italy*, New York, Medieval and Renaissance Texts and Studies, 1991, p. 23-27.

TOSCAN, Jean, *Le carnaval du langage : le lexique érotique des poètes de l'équivoque de Burchiello à Marino (XVe-XVIIe siècles)*, Presses Universitaires de Lille, Lille, 1981.

TREBBI, Giuseppe, « Il ritratto di Marco Trevisan e Nicolò Barbarigo donato a Riccardo di Strassoldo. Storia di un quadro », *Venezia non è da guerra. L'isontino, la società friulana e la Serenissima nella guerra di Gradisca (1615-1617)*, éd. M. Gaddi et A. Zannini, Udine, Forum, 2008, p. 187-205.

TREBBI, Giuseppe, entrée « Camillo Olivo », *Dizionario Biografico degli Italiani*, Istituto dell'Enciclopedia Treccani, 2013, vol. 79, p. 268-269.

ULIANICH, Boris, « Paolo Sarpi, il generale Ferrari e l'ordine dei serviti durante le controversie veneto-pontificie », *Studi in onore di Alberto Pincherle*, Roma, Edizioni dell'Ateneo, 1967, vol. 2, p. 582-645.

VANZAN MARCHINI, Nelli-Elena (éd.), *Le leggi di sanità nella Repubblica di Venezia*, Venezia, Canova, 1995, vol. 1.

VILLANI, Stefano, « "Amaestrare i fanciulli" ? Traduzioni in italiano di catechismi della Chiesa d'Inghilterra nella prima età moderna », *Rivista Storica Italiana*, vol. 129, 2017, p. 114-136.

VILLANI, Stefano, « La prima edizione in italiano del *Book of Common Prayer* (1685) tra propaganda protestante e memoria sarpiana », *Rivista di storia e letteratura religiosa*, vol. 47, 2008, p. 24-45.

VILLANI, Stefano, « Uno scisma mancato : Paolo Sarpi, William Bedell e la prima traduzione in italiano del *Book of Common Prayer* », *Rivista di Storia e letteratura religiosa*, vol. 53, 2017, p. 63-112.

VILLANI, Stefano, *Making Italy Anglican : Why the Book of Common Prayer was translated into Italian*, Oxford, Oxford University Press, 2021.

VILLARI, Rosario, *Elogio della dissimulazione. La lotta politica nel Seicento*, Bari, Laterza, 1987.

WINNER, Matthias, « Ermafrodito », *Bernini scultore. La nascita del Barocco in casa Borghese*, éd. A. Coliva et S. Schütze, Roma, De Luca, 1998, p. 128-133.

WOOTTON, David, *Paolo Sarpi. Between Renaissance and Enlightenment*, Cambridge, Cambridge University Press, 1983.

WRIGHT, Anthony, « The Venetian View of Church and State : Catholic Erastianism ? », *Studi secenteschi*, n° 19, 1978, p. 75-106.

WRIGHT, Anthony, « Why the venetian Interdict ? », *English historical review*, n° 89, 1974, p. 534-570.

YATES, Frances A., « Paolo Sarpi's *History of the Council of Trent* », *Journal of the Warburg and Courtauld Institutes*, n° 7, 1944, p. 123-143.

ZAGO, Roberto, entrée « Fulgenzio Manfredi », *Dizionario biografico degli italiani*, Istituto dell'Enciclopedia italiana, vol. 68, 2007.

INDEX DES NOMS

TABLE DES FIGURES

TABLE DES MATIÈRES

Achevé d'imprimer par Corlet,
Condé-en-Normandie (Calvados),
en Février 2022
N° d'impression : 175025 - dépôt légal : Février 2022
Imprimé en France